新版

倾听型对话术

[日] 西任晓子 ◎ 著　　佟凡 ◎ 译

中国致公出版社

图书在版编目（CIP）数据

倾听型对话术：新版 /（日）西任晓子著；佟凡译
. -- 北京：中国致公出版社，2022
ISBN 978-7-5145-1983-9

Ⅰ.①倾… Ⅱ.①西…②佟… Ⅲ.①人际关系学—
通俗读物 Ⅳ.① C912.11-49

中国版本图书馆 CIP 数据核字（2022）第 074544 号

話すより 10 倍ラク！ 新 聞く会話術
HANASU YORI 10BAI RAKU！ SHIN KIKU KAIWAJUTSU
Copyright © 2021 by Akiko Nishito
Original Japanese edition published by Discover 21, Inc., Tokyo, Japan
Simplified Chinese edition published by arrangement with Discover 21, Inc.
through Chengdu Teenyo Culture Communication Co.,Ltd.

著作权合同登记图字：01-2022-6234 号

倾听型对话术：新版 /（日）西任晓子 著　 佟凡 译
QINGTINGXING DUIHUASHU: XIN BAN

出　　　版　中国致公出版社
　　　　　　（北京市朝阳区八里庄西里 100 号住邦 2000 大厦 1 号楼
　　　　　　西区 21 层）
发　　　行　中国致公出版社（010-66121708）
责任编辑　许子楷
责任校对　吕冬钰
特约编辑　曹　月
封面设计　末末美书
印　　　刷　三河市兴达印务有限公司
版　　　次　2022 年 12 月第 1 版
印　　　次　2022 年 12 月第 1 次印刷
开　　　本　787mm×1092mm　1 / 32
印　　　张　6.25
字　　　数　108 千字
书　　　号　ISBN 978-7-5145-1983-9
定　　　价　49.80 元

The greatest good you can do

for another is not just to share

your riches but to reveal to him his own.

Benjamin Disraeli

你能为其他人做的最大善事，

不是分享你的财富，

而是让对方展现出自我。

——本杰明·迪斯雷利

（英国政治家）

序 言

　　某位英国女性分别在不同的日子里与两位政客一起吃饭。她说："我觉得第一位男性是全英国最聪明的男人，而另一位男性让我觉得自己是全英国最聪明的女人。"

　　那么，你想与哪位男性对话呢？

　　两人都是19世纪下半叶活跃于世界舞台上的政治家，是两大政党的代表人物。前者是威廉·格莱斯顿，后者是本杰明·迪斯雷利。

　　像格莱斯顿那样工作能力强、聪明幽默的人自然富有魅力。和他在一起，一定能度过一段愉快的时光。

　　不过会让我们想"再次与他见面"的人，难道不是迪斯雷利这样能激发出对方的魅力，让对方闪闪发光的人吗？

　　迄今为止，我作为电台主持人采访的人数超过了5000人。

　　我的采访对象中还包括管理和文化领域的名人，从海外巨星史蒂夫·旺达、埃尔文斯·科斯特洛、碧昂丝，到日本的代表性明星渡边谦、竹内玛莉亚和木村拓哉，以及重建JAL的管理者稻盛和夫，筑波大学名誉教授村上和雄，等等。

采访时，我几乎和所有人都是初次见面，而且在直播的紧张环境中，要进行 10 分钟到 1 小时时长不等的对话。经过一次又一次的失败，我探索出了让初次见面的人对我敞开心扉的方法。

经验尚浅时，我差点和一位摇滚乐队的成员吵起来，还有嘉宾在节目即将开始时对我说："这种节目上不了，我要回去了。"也有过边哭边采访的经历。

我当时只是个菜鸟主持人，实在称不上善于倾听，所以当井上阳水先生表示和我说话很轻松，邀请我和他一起录节目时，当平原绫香小姐说接受我的采访很放松时，我真的受到了巨大的鼓励。

后来，我成了演讲顾问，为大家在各种场合交流提供帮助，比如演讲稿写作、销售话术、应届毕业生的面试及建档。

我在 25 年的工作经验中学到的最重要的事，是"彻底包容与接受对方"。

每个人都希望对方能认真倾听自己的话，希望对方能理解自己。有时，建设性的否定和批判同样重要，不过当我们感受到彻底的包容和接受时，因为没有保护自己的必要，才能够放心地敞开心扉。

不管怎么说，在不用担心受到批评和轻视的会议中，大家的发言就会增加吧。

当我们相信就算说出心里话也不会破坏双方的关系时，才能够坦率地传达心意。

重要的是彻底包容与接受对方，营造出让对方安心的氛围。

这是任何人都能做到的事情，因为营造氛围时，重要的是倾听，所以就算不擅言谈的人也没问题。

营造安心氛围的倾听方法的秘诀——用一句话来说，就是"激发出对方的闪光点"。

发现对方令人心动之处，创造出让对方发光的舞台。这样一来，在场的所有人都会放松下来，因为对所有人来说，看到他人的魅力都会感到欣喜。

本书将分为 5 个阶段，为大家介绍激发出对方闪光点的方法。

激发对方闪光点的 5 个阶段：

①喜欢上对方。

②营造出能让对方放心倾诉的氛围。

③夸奖对方，让对方敞开心扉。

④引出对方希望谈论的话题。

⑤烘托气氛。

第一步，是"喜欢上对方"。

各位是不是觉得一上来就是高难度？我在采访中，也遇到过合不来或者不感兴趣的人。正因为我带着自己真实的情绪进行采访，结果一开始就接连出现失误。

"既然如此，喜欢上对方就好了吧！"在我改变想法后，能遇到各种各样的嘉宾就变成了一件令人期待的事情。

让对方喜欢上自己当然令人开心，不过主动喜欢上对方，其实是一件更令人开心的事情。

尽管如此，在与合不来的人交谈时，大家依然会不知所措吧。我也将在书中为大家介绍缓解紧张情绪的方法。

第二步是营造让对方安心倾诉的氛围。利用视线、声音、身体的朝向等五种技巧，就能让谈话的氛围渐渐变得融洽。我还会为大家讲述在对方不配合时，摆脱尴尬气氛的方法。

接下来的第三步，是说出对方的魅力。

哪怕心中敬佩，直接说出表扬的话或许依然会让人有些害羞，觉得"这不是我的性格"。大家要不要试试超越这些条条框框？前方一定会有一个崭新的世界。

就算是无法发现对方的优点也不用担心。我会为大家介绍寻找优点的方法，以及用语言表扬对方的具体方法，还有在对方表示谦虚，场面略有尴尬时的应对方法。

第四步，要掌握引出对方希望谈论的话题的提问方法。

重点是找出对方心灵的开关，知道对方希望自己问什么。我会分 4 个阶段，从基础篇开始逐渐提升，为不知道该问什么问题的读者介绍提问的方法。

终于到了第五步，要学会烘托气氛，不断延伸话题，不让话题终结。

谈话是有生命的。如果像培育植物那样稍微用些心思浇水除草，就能让谈话充满生机。书中写到了即使进行反驳也不会冷场的说话方式，面对说话啰唆的人时的交流方式，以及在短时间内取得深入共鸣的方法。

只要通过这五个步骤，掌握激发对方闪光点的方法，就能让交流变得轻松。

大家敞开心扉享受谈话吧。

营造能尽情谈话的氛围，让自己和周围的人幸福，正是愉快交流的开始。

※ 本书在 2015 年 1 月出版的同名书籍的基础上增加了新章节（第 6 章 如何进行线上对话），将全部文章修改后完成了修订版。

目 录

第 **1** 章　喜欢上对方

第 **2** 章　营造让对方安心倾诉的氛围

第3章　用称赞打开对方的心门

第 **4** 章　引出对方想说的话

第 5 章 炒热气氛

第 6 章　如何进行线上对话

第 **1** 章

喜欢上
对方

第1课
找到对方令人心动之处

让他人发光的第一步，就是喜欢上那个人。

也许你会想："就算你这样说，可喜欢是感情的事，不由我自己控制啊。"没错，我也有同样的想法。

我做电台采访时，也会遇到自己不感兴趣的嘉宾。这种时候我就会放弃，觉得"没什么想问的，我也没办法"，所以结果总是不顺利。

于是我开始思考，喜好是不是可以改变呢？

回过头来看，经常会有对从前没兴趣的事情产生兴趣，以前合不来的人现在和自己关系很好的情况。于是我发现，第一印象其实比想象中模糊。

不过，第一印象对人际关系的影响依然很大。一旦最开始觉得和对方"合不来""没兴趣"，就不会想要进一步了解对方。

可是如果站在对方的立场上，也不会希望别人仅凭第一印象就给自己贴标签吧。

那么，无论第一印象是什么，让我们稍稍将它放在一边，试着寻找他人的优点吧。这样一来，就会发现以前没有注意到的优点。因为有时就算看着对方，也会有很多注意不到的地方。

重要的是，无论是什么样的点，要从心底感到"心动"。

"衬衫熨得很平整，干干净净的真好。"

"妆容自然，清爽的感觉好漂亮。"

"皮肤光滑，好健康。"

"这个人会直视别人的眼睛说话啊。"

如果能找到让自己"怦然心动"的地方，自己就会感到开心。因为人的魅力像花朵一样美，能够给周围的人带来快乐。

询问我"没事吧"时的笑容很温柔。

会在酒会上注意到落单的人，主动搭话。

会在没人看到的地方捡起垃圾。

在周围的人身上找到"令人心动"之处，我们的心也会变得温暖，会期待与人相遇。

正因为无论遇到谁，都能发现他身上的优点，所以当我们回过神来，就会发现身边全都是好人。

另外，如果能够看到他人的优点，同样能够发现自己的优点。因为他人是自己的镜子。

结果就是，自己独处时也会变得愉快。

每个人都渴望得到爱。

既然如此，让我们从自己做起，寻找周围人身上"令人心动"之处吧。

重点
- 只要能发现对方的魅力，想问的问题就会不断浮现
- 哪怕笨拙，也要说出自己的"心动"
- 如果能够看到他人的优点，同样能够发现自己的优点

第 2 课
见面前，调查 3 件事

那是发生在一次培训旅行中的事情。参加者名单上事先写了以下内容：

请大家在参加前，通过微博和 Facebook（脸书）适当了解对方。

虽然初次见面时，大家可以通过对话逐渐获得对方的信息，渐渐敞开心扉，但事先了解对方，自然能更轻易地敞开心扉。

如果在见面前知道对方的姓名，就可以通过社交软件搜索，或者通过向周围的人打听来试着调查一下对方。

调查时需要注意 3 件事：

①对方与自己的共通点。

②对方令人心动的地方。

③想问对方的问题。

大家是否有过这样的经历，偶然得知初次见面的人与自己是高中校友，于是气氛变得热烈？同样的学校，同样的兴趣，找到共通点会令人感到开心，更重要的是能够让人安心。因为"同类"之间的认同感会带来安心感。

另外，如果事先发现对方令人心动的地方，就会期待在正式见面时感受到那份魅力，期待与对方说话。如果能事先准备好几个具体想问的问题，也更容易找到话题。

顺便提一下，也许大家想不到，结束调查的时机并不容易掌握。因为越是了解对方，越会感到安心。

如果我担心正式见面时想不出问题，就会阅读大量资料，试图让自己安心。可是准备过于充分的采访并不会顺利。因为我已经事先知道了问题的答案，无法带着兴趣地倾听。

双方因为缘分而相遇，要珍惜与对方共处的时间。

因此，调查是为了敞开心扉，满怀期待地迎接初次见面的人。当你产生"想见对方""想听对方说话"的心情时，就停止调查吧。

重点

- 事先调查 3 件事：

  ①对方与自己的共通点

  ②对方令人心动的地方

  ③想问对方的问题

- 当你对见面产生期待时，就终止调查吧

第 3 课
用自己的语言说出对方"令人心动之处"

当我们有时间做调查时，我希望大家充分准备一件事，那就是上一节中介绍的三件事中的第二件，用自己的话说出对方"令人心动之处"。

因为有时候就算我们发现了对方的优点，也没办法立刻找到适当的语言，所以要事先做好准备，用自己的语言说出对方的优点。

下面这个故事发生在我采访英国著名音乐家埃尔文斯·科斯特洛的时候。在那之前，我几乎没有听过他的音乐，越准备越觉得不安。

"要是让粉丝们失望了该怎么办？""科斯特洛先生可能会觉得这个问题很无聊。"现在想想，这些担忧都是因为我害怕别人对自己的评价会下降。

我调查了他的历史和为人，想出了很多问题，可依然无法平息心中的不安。于是我认真听了当时科斯特洛先生的最新专辑 *North*，那是一部相当出色的作品。因为遇到了好音乐，我非常高兴，无论如何都想告诉科斯特洛先生，我在这部作品中感受到的魅力，虽然我的英语不好，还是找到了能传达出自己心情的话语。

正式采访那天，科斯特洛先生来到 TOKYO FM（东京电台），我对他的第一印象是"气场好强"。感受着他的压迫感，我首先看到的是他的亮粉色的领带。若隐若现的樱花图案或许是科斯特洛先生因为到日本接受采访所以特意选择的，想到这点，我感到欣喜。他左右两边的袖扣颜色不同，真是一位时尚的先生。很多人都觉得广播听众看不到画面，所以会穿休闲服装，科斯特洛先生却穿着高档西装，连细节都很用心，光是这身打扮就已经是对我的馈赠了。

不过，科斯特洛先生那天的心情似乎不太好。他几乎不笑，说的英语单词也都很复杂，如果没有翻译，我完全不知道他在说什么。

我这么糟糕的英语没问题吗？带着不安，我依然尽力表达了听过专辑后的感想。

"听过那张专辑，感觉就像看了一部电影。我彻底被剧情吸引，每当一首曲子结束，就会满心期待下面会发生什么。整张专辑仿佛瞬间就听完了，我久久沉浸在专辑的世界观中，想要马上再听一遍。"

就在那个瞬间，科斯特洛先生的情绪突然变了，我仿佛听见了开关打开的啪嗒声。他探出身子，大声说："没错！就是这样！"然后说起了他倾注在最新专辑中的想法。

其实，他当时刚与前妻分手，被爆出与一名女性爵士歌手交往的事情。*North* 受此影响，与此前的作品相比更加接近爵士乐，喜欢他摇滚风格的粉丝并不支持。

他继续说："音乐并不是只要声音大，大家就会来听。就算声音微弱，好作品也一定会被人听到。说话也是如此，要是扯开喉咙喊，别人反而会想捂住耳朵。"

我并不知道，他在为新的音乐风格无法被粉丝接受而苦恼。不过正因为我打从心底觉得他的作品很优秀，并且迫不及待地用语言传达了自己的心情，这才成了打开科斯特洛先生心扉的钥匙。

寻找能够表达出对方令人心动之处的话语，就像亲手制作一份礼物那样充满乐趣。不需要出奇制胜，也不需要优美或精辟的言辞。重要的是找到真诚动人、可以表达出自己真心的话语。

就算找不到满意的话语也没关系。不要担心，请尽情表达自己的想法。对方一定能够感受到你的用心和为他花费的时间。

亲手制作的礼物就算不好看，也能传达出自己的心意，会让人开心。比起优美的言辞，我们想要传递的心情更重要。

重点

- 寻找自己的表达方式，说出对方身上"令人心动的地方"
- 寻找适当言辞的心意，会变成送给对方的礼物

第 4 课

见合不来的人之前，借助"笑容面具"的力量

就算想要找到对方令人心动的地方，可是遇到自己害怕的人时，却根本顾不上这些，而是会紧张到浑身僵硬，连话都说不出来。

这种情况下，是不是可以借助"笑容面具"的力量呢？

我此前采访过的名人中，也有令人感到畏惧的人。比如连经纪人都要多几分顾忌的摇滚明星；戴着面具、看不到表情的演员；还有在开会时，一眼都不看我的人。

这时候我就会紧张，频频想去洗手间。镜子里的脸上是一副马上就要哭出来的表情，情绪只会越来越低落。这时，如果强迫自己牵起嘴角，神奇的事就发生了，心情是不是变得开朗一些了呢？一开始，我的脸会因为僵硬而抽筋，习惯了之后，就能带着开朗的心情出发前往录音室了。有几次我发现本以

为可怕的人不过就像亲戚家的大叔，采访的过程变得很愉快。

很久之后，我明白了这是大脑的特点。大脑似乎分不清假笑和真正的笑容。

就算是勉强牵起嘴角露出笑容，大脑也会从表情肌肉的动作判断出你"在笑"，所以心情会变得开朗。等你回过神来时，假笑已经变成了真正的笑容，这是多么值得庆幸的错觉啊！

说到错觉，合不来的感觉也可以说是一种错觉。

我们之所以会觉得初次见面或并不了解的人跟自己合不来，也许是因为他长得像以前给我们留下过不好记忆的人。出于自我保护的本能，我们的心中响起警铃，不希望再次留下不好的回忆。

可是就算长得像，这位初次见面的人也是另一个人，不一定会给我们留下相同的回忆。

另外，我们不一定只有在面对人类的时候会产生跟对方合不来的想法。比如曾经被狗咬过的人就会害怕所有的狗。尽管如此，狗也分凶暴的狗和温顺的狗，所以冷静下来想一想，就会明白并不需要害怕所有的狗。

保护自己的本能是可贵的。我们人类之所以能生存到现在，同样是因为祖先对陌生人和动物的警惕心。

可是，现代社会已经不再是与危险相伴的丛林。借助笑容的力量，让警惕心休息一下吧。

重点

- 在初次见面的人与合不来的人面前戴上笑容面具
- 紧张是自然的，要怀抱感谢的心情，让警惕心休息一下

第5课
只能看到缺点时，换个说法

果然只能看到缺点……这种情况下，让我们借助语言的力量吧。用积极的说法来形容缺点，就能发现对方的魅力。

比如"完全不说话，不知道在想什么"的人，可以用"文静而神秘"来形容。只是换了一种说法，对对方的看法就会改变，合不来的感觉也会淡化。

优点和缺点本来就是同源的，只是因为看的角度不同。俗话说"一个人的优点也是他的缺点"，因为角度不同，当优点超过限度时也会变成缺点。

比如认真是优点，却会让人的视野变得狭窄，头脑僵化不知变通。英语中也有 Extremes meet（物极必反）的说法，优点和缺点就像硬币的正反面，其实是同一件事。

我的缺点是喜欢评论、爱多管闲事。看电影的时候会觉得"那段故事的展开没用心"，吃饭的时候会觉得"汤不够

文静而神秘的人

不知道他在想什么

从不同的角度来看

热"，总是会提出批评。如果只是在心里想想还好，可我经常一不小心就说出了口。因为我觉得自己是在提出建设性的改善意见，所以并不觉得做了坏事，可朋友们却告诉我"你要学会多享受"。

不过有一次，这件事变成了我的优点。一个朋友在练习重要的演讲，我提出了可以改善的地方，结果这位朋友特别开心，眼睛都亮了，还让我再多说一些。我听了朋友的话后如鱼得水，后来，这件事成了我们在工作上合作的契机。

所谓缺点，就是与别人不同的地方。只要改变场合、时机和表达方式，就能成为让对方开心的优点。所以当我们看不到对方的优点时，请大家换个角度观察缺点吧。

缺点是未来的优点。

只要能找到让某个人开心的场合与方法，缺点就会成为花蕾，开出名为优点的花。

重点

・用积极的说法来形容缺点

・缺点是未来的优点

尝试换个说法吧！

　　将缺点换个说法，可以锻炼我们的语言能力。下文中的缺点换成积极的说法后，会变成什么样子呢？

---

①"话多吵闹的人"

②"脸色阴沉，好可怕"

③"说话啰唆的人"

↓

回答范例

①"能言善辩"

　"充满服务精神，愿意取悦别人"

②"威严""威风凛凛"

③"说话周到，关心他人"

　　要想掌握换一种说法的能力，请大家参考应用软件"消极变积极辞典"，以及《将废话变成好话 转换说法图鉴》（Sunmark 出版社）。

第6课
喉咙的热身也能成为心灵的热身

大家有没有遇到过长久的安静后，当突然想说话时，却没办法顺利发出声音的情况？

因为喉咙是有生命的乐器，所以突然发声会给喉咙带来负担。就像运动员要做准备活动一样，说话也要从喉咙的准备活动开始。

喉咙的准备活动中有各种呼吸方法和发声练习，下面我将为大家介绍 3 种。

首先是最简单的方法——深呼气。说到呼吸，人们习惯将重点放在吸气上，其实身体在呼出大量的气后才会吸入大量的气。不过在日常生活中，人们很少会把身体里的气吐干净，而是习惯做浅呼吸。

现在，请大家缓缓呼出一口长长的气。重点在于呼到实在呼不出来为止。只需要做 2~3 次，和呼吸相关的肌肉就会醒来，让我们得以发出洪亮而具有穿透力的声音。

接下来是舌头的伸展练习。因为舌头全都是肌肉，所以比大家想象中的更加紧致。从上到下，从右到左，请大家尝试按照顺序缓缓运动舌头。如果还有余力，可以尝试迅速从右上到左下，从左上到右下伸出舌头。只需要简单的动作，就能让口齿更加清晰。

最后是打开喉咙的发声方法。想象将一个煮熟的鸡蛋放入口中，顶在喉咙深处，尝试发出"嗯咕"的声音，如果写成字母，就是"hnguh"。有没有感觉到喉咙顶部像巨蛋的圆顶一样圆润宽敞？用不同的音高发声，喉咙就更容易发出音域宽广的声音。

这些准备活动完成后，不仅为声音热了身，心灵也完成了热身，非常适合作为交流的准备工作。另外，我还推荐大家一边听着喜欢的音乐一边唱歌。

就像与别人见面前要整理仪容一样，我们同样要调整好自己的声音。

注：请不要用鸡蛋真实模拟图中发声过程，容易噎着。

———————————————————————— 第1章　喜欢上对方

重点

· 缓缓呼出一口长长的气

· 伸展舌头，让口齿更加清晰

· 用不同的音高发出"嗯咕"的声音，打开喉咙

· 发出声音的同时，可以让喉咙和心灵都做好准备

倾听型对话术

能让对方对自己
抱有好感的检查表

☐ 找到对方令人心动之处，坦率地表达出来

☐ 事先做好3项调查：

> ①对方与自己的共通点；
>
> ②对方令人心动的地方；
>
> ③想问对方的问题

☐ 用自己的语言说出对方"令人心动之处"

☐ 见合不来的人之前，借助"笑容面具"缓解不安

☐ 换个说法，将对方的缺点变成优点

☐ 用不同的音高发出"嗯咕"的声音，打开喉咙

第 **2** 章

营造让对方
安心倾诉的氛围

第 7 课
看着对方的眼睛说话
——热场的 5 个步骤①

喜欢上对方后，就要营造出能让对方闪闪发光的舞台了，也就是营造让对方安心、敞开心扉的氛围。

第一句话最好由你来说。主动搭话需要勇气，当有人跟自己说话时，人们会感到开心。所以主动搭话本身就是一份礼物。

首先，让我们看着对方的眼睛，抓住开口的时机吧。对视也能让对方做好心理准备，这个动作能给对方带来小小的安心感。如果突然从身后搭话，就容易吓到对方。虽然只是些小细节，不过我们应该先看着对方的眼睛，然后再开始说话。为了开始一场能够敞开心扉的对话，希望大家重视第一步。

在派对和不同业界的交流会上，是不是难以掌握搭话的时机？因为在全是陌生人的场合中，人们会不知道该和谁搭话，结果经常会不由自主地走到饭菜旁边。

这种情况下，请带着笑容看向周围的人。如果与别人的目光相遇，就马上打声招呼吧。不需要想得太复杂，只要面带笑容地说一句"你好"，就可以展开对话。

在观察周围时，如果能带着"想和大家一起享受这场活动""不知道今天会遇到怎样优秀的人"这样的期待，就会自然而然地露出笑容。

商务谈判和工作会议同样要从对视开始。在打招呼、交换名片和简单寒暄之前，只要能带着"见到你很高兴"的想法直视对方的眼睛，就能提高对话的质量。

重点

- 主动搭话是礼物
- 说话前首先要对视
- 与别人目光相遇后，带着笑容打招呼

第 8 课
用明亮的笑容和开朗的声音说话
——热场的 5 个步骤②

就算你不知道说什么才好，就算你和别人对视后会移开目光……也没有关系！看到对方后要说的第一句话是打招呼。不同时间打招呼的话术是固定的，所以很简单。

早上就说"早上好"。

中午就说"你好"。

晚上就说"晚上好""晚安"。

只需要用简单的打招呼开启话题就好。

打招呼时，最重要的不是"说什么"，而是"如何说"。打招呼的声调决定了对话的起点。

如果用微弱的声音，缺乏自信地说"你好"，对方也会用微弱的声音回答。因为大多数人会以最先扔出的球为标准，配合你扔出的球继续。

我听说早晨起床时听到的音乐会影响一上午的心情，也就是说，"最开始的声音"有巨大的影响力。

打招呼时声音开朗，就能开启开朗的对话，而笑容能让你的声音变开朗。嘴角上扬开口说话，就会自然而然地发出开朗的声音。脸上的表情决定了声音的表情。皱着眉头很难发出开朗的声音，相反，面带笑容也很难发出阴沉的声音。

带上开朗的笑容打招呼。

这话听起来简单，其实并不容易做到。

虽然我嘴上这样说，其实我曾经也没做到，教会我这件事的，是都田建设的员工脸上的笑容。都田建设曾被选为"优质服务企业"，我去那里参观时，前来迎接的员工脸上都带着温暖的笑容，让我忍不住流下了眼泪。

那是我第一次只是因为看到笑容而流泪。那次宝贵的学习经验让我感受到笑容的神奇之处，我希望自己有一天也能露出同样温暖的笑容。

另外，我在交流会上做过一个实验。

将 5~6 个人分成一组，等他们自我介绍后，我让认为自己刚才带着微笑的人举手，有八成左右的人举起了手。

接下来，我问大家刚才和自己同组的人中，有多少人在微笑？答案却只有 2~3 人，也就是半数。看来就算自认为脸上带着微笑，很可能在别人看来，你并没有在笑。

如果没有镜子，我们就看不到自己的脸。当我们以为自己在笑时，究竟带着一副怎样的表情呢？

如果无法露出笑容，那就请大家练习吧。我推荐大家在早上练习微笑。因为大脑会认为"一天从微笑开始"，从而开启愉快的一天。听说美国前总统里根也会在每天出门前练习微笑。

来吧，站在镜子面前扬起嘴角试着微笑。平时不爱笑的人可能会两颊抽搐，请放心，这只是因为肌肉僵硬而已，请继续练习吧，你的动作会变得越来越自然。

如果肌肉过于僵硬，可以通过按摩来放松，我推荐大家在洗澡时按摩。如果总是板着脸面对别人，会带来超乎想象的紧张和疲劳。

通过笑容充分运动面部肌肉，表情就会变得自然，内心也会变得柔软。

重点	·打招呼时，重要的是怎么说
	·带着笑容说话，声音就会变得开朗
	·用笑容开启每一天

第 9 课
用身体的表面积表现你对对方的兴趣
——热场的 5 个步骤③

直视对方，笑着打过招呼后，就该注意身体的朝向了。

你的身体有"百分之多少"面向对方？

就算是直视对方，也会有人只是转动眼珠，或者只是转过头而已吧？你的身体朝向哪边？膝盖是不是正对着对方？

或许大家以前倾听他人说话时，没有注意过自己身体的朝向。如果你在跟别人说话时，对方盯着手机回答你，你会觉得有些被冷落吧？如果对方放下手机，看着你的眼睛回答，你就会觉得受到了重视。

只要观察善于倾听的人，就会发现他们的身体都朝着说话的人。与其说是有意为之，更多的是出于"希望更好地听对方说话"的想法，自然而然形成的姿势。身体被对方的魅力吸引转向对方，就像向日葵朝着太阳一样。

坐下的时候，也可以调整坐姿让身体朝向对方。比起正面相对，并排与对方形成 120 度夹角的位置更方便说话。

只需要改变身体的朝向，就能让对话变得简单。在众人面前说话时，这种感觉尤为明显。比起让听众的身体朝向各个方向的岛屿型座位排布，扇形的座位排布能让所有人面朝前方，更容易集中精神。在演讲和培训等场合，请在安排座位时让听众的身体都朝向演讲者吧。

倾听时，人们首先注意到的是非语言信息。只要有意识地调整视线、笑容、身体朝向等非语言信息，就能大幅改变对话的气氛。

请大家从关注平时说话时自己的身体朝向开始吧。

重点

- 身体朝着对方说话
- 重视和语言同样重要的非语言信息

第 10 课
用共享的事实创造连接感
——热场的 5 个步骤④

　　直视对方，笑着打过招呼，将身体朝向对方后，终于要开始对话了。

　　一开始，可以提出和对方共享的事实。性急的人可能希望跳过铺垫直接进入正题，不过从共享的事实开始说起，可以增强谈话的气氛。

　　比如在电影院中，会通过看预告片来烘托气氛。如果直接开始看正片，我们就很难立刻集中精神，脑子里还在想着工作、邮件、电话等日常琐事。

　　我推荐大家在对话开始时，说些两人一起看到、感受到的事实，比如天气或者眼前的事物等。因为如果能共享一些信息，人和人就会形成连接感，让彼此安心。

直播综艺节目《笑笑也无妨》以"现场直播单独主持次数最多"创造了吉尼斯纪录。开场的对话如下：

"今天也很冷啊。"

"是啊。"

"大家穿得都挺单薄啊。"

"是啊。"

"还有人穿短袖啊。"

"是啊。"

主持人塔摩利会向录制现场的观众抛出共享事实，然后观众们异口同声地回答"是啊"。重复肯定的回答能让人放松心情，所以观众能通过这番对话放松下来，尽情享受节目。

放松后，观众也能发出更多、更洪亮的笑声。观众席的笑声是综艺节目不可或缺的背景音。听到观众们的笑声，嘉宾也会更有谈话兴致，激发出更大的笑声，让电视机前的观众也得到快乐。开场的对话看似无关紧要，其实起到了重要的作用。

说到方便作为共享事实的话题，还是天气。

"真是久违的晴天啊。"

"今天的最高气温好像有 17 度。"

大家所处的地点同样是共享事实。

"这间新会议室真大。"

"能清楚地看到东京塔啊。"

"天花板很高，很敞亮。"

桌椅同样能成为话题。

"这把椅子真软。"

"这张玻璃桌磨得真漂亮。"

再比如，大家还会注意到手中的茶杯。

"这茶真香。"

"杯子很方便拿。"

提到共享事实，大家不需要想得太复杂。只需要找到让对方不容易反驳的事实就好。

在展览会和研讨会上，能看到的事物很多，容易找到共享事实。

"那个展位好热闹啊。"

"今天出展的展位比往年多啊。"

"今天大家来得都好早。"

在陌生人比较多的聚会上，主办人、主旨和菜品都是共享
事实。

"听说今天能喝到珍贵的酒呢。"
"主办人穿的衣服和平时不一样啊。"
"今天的菜品种类好多。"
"甜点好像上来了。"

就像这样，说出双方都能看到的事实，对方就会给予肯定
的回答。通过重复肯定的回答，加强共享某些事物的感觉，能
让双方都放松下来，让对话顺利地进行。

这种情况下，要避免用否定式的说法来阐述共享事实。

×"这间会议室太大了吧。"
×"今天的菜品种类挺少的。"
×"主办人比平时更有劲头啊。"

在阐述事实时加入自己的想法，容易形成否定式的发言。会议室太大，菜品种类少，这些不是事实，而是自己的主观想法。"更有劲头"的说法也是看到对方的言谈举止、发型和服装后进行的主观判断。

就算共享的事实相同，对事实的理解也是因人而异的。因此如果说出自己的想法，对方有可能反驳说："是吗？我不这样认为。"从而难以产生连接感。

当然，对话时并非不能阐述自己的想法，不过要在气氛更加热烈一些之后，此时自己的想法会更容易被对方接受。

重点

·对话开始时，通过共享事实热场
·重复肯定的话语，让双方敞开心扉

第 11 课

说出自己的答案，首先说出自己的想法

——热场的 5 个步骤⑤

接下来就到提问了，顺着刚才提到的共享事实说出问题会比较自然。

这里有些提问的诀窍。

"这间房子的天花板真高，真亮啊。"（共享事实）

"是啊。"（对方表示共鸣）

"我是第一次来这里，你以前来过吗？"（提问）

就像这样，要在提问前先说出自己的答案。

将"自己的答案"和"问题"分开，就会变成：

"我是第一次来这里，"（自己的答案）

"你以前来过吗？"（提问）

将自己的回答放在前面，说出自己的想法，提出问题的人会让人安心，被提问的人不需要担心对方是否在试探自己还记不记得以前的事。

回答问题时，大家脑海中会不会闪过一个念头："如果我这样说，对方会怎么想呢？"我们之所以会不知道话应该说到什么地步，正是因为心中不安。可是只要首先说出答案，就能让对方因感到获得了许可，明确了界限而安心。

"这茶真香。"（共享事实）
"是啊。"（对方表示共鸣）
"我平时只喝咖啡，不太懂茶。（自己的答案）
"你知道这是什么茶吗？"（提问）

这种情况下，首先告诉对方你不懂茶，就会让对方放下心来，清楚就算自己不懂也不会受到轻视，如果不了解，就可以坦率地说出来。

如果只提出问题，对方或许会产生各种各样的担心，比如"难道这是众所周知的名茶？不知道的话会不会很丢脸？"等等。因为在试探时，有人也会用"你知不知道"这样的问法。

我们自己也会在对话中，下意识地确认安全领域，遇到初次见面、并不熟悉的人时更是如此。

"我能坦白到什么地步？"

"会不会让别人觉得我很奇怪？"

如果你首先说出自己的答案，就能打消对方的不安。

重点
- 先说出自己的答案，让对方安心
- 询问知识类的问题时，容易让人心生不安，觉得自己在被试探

第 12 课

同样要接受预料之外的回答

——对方不配合！摆脱尴尬气氛的方法①

这是发生在一场餐会上的真实故事。

某位男性见身边的女性在喝红酒，便跟她搭话。

男性："您喜欢红酒吗？"

女性："不。"

男性："……"

当对方不配合你的提问时，就会陷入有些尴尬的气氛中。这时，请你默念"要接受任何答案"。

就算得到了和自己的预想不同的回答，就算对方的价值观与自己不同，也要接受对方的想法，这里的接受指的是接受"对方是这样想的事实"。不需要欺骗自己，同意对方的说法，只需要安心接受。

接受之后，就可以对她说："这样啊，您不喜欢红酒啊。"

是不是有一种接住了对方投出的球的感觉。抛接球时，球会发出声音，告诉对方你接到了，可是对话时必须说出口才行。就算你的内心接受了对方的回答，可是别人既无法从外表上看出来，也听不到你的心声。

另外，当你说出表示接受的话语后，就真的会觉得对方的话能够接受了。就像用手心感受球的触感一样，我们需要用心体会对方的话语。

所有人都希望别人能仔细听自己说话，会因为自己的想法得到认可而开心。所以倾听时，无论得到什么样的回答，首先都要牢牢接住，告诉对方你接受。

这样一来，就能让对方产生信任感，放心地朝你扔出下一个球。

重点

· 要接受任何回答
· 用语言传达出你接受对方的回答的意思

第 13 课

坦率地表达感情

——对方不配合！摆脱尴尬气氛的方法②

因为出乎意料的回答而感到困扰。

这时，钻牛角尖或许会带来阻碍。

男性："您喜欢红酒吗？"

女性："不。"

男性："……"

因为看到女性在喝红酒，所以你觉得她一定喜欢红酒才问出了口，结果却得到了否定的答案，一定会很惊讶吧。如果直接将惊讶的心情说出口会怎么样呢？

"因为你在喝酒，所以我以为你喜欢。"

"既然不喜欢，为什么今天要喝红酒呢？"

"我看你喝红酒的样子特别优雅，竟然不喜欢啊，真让人吃惊。"

直接表达出惊讶的心情，就能让对话自然而然地继续下去。只要不钻牛角尖，不要想着"我必须说些金句""我必须说些好听的话"，才能将自己的感受直接说出来。

虽说如此，对于不擅长坦率表达的人来说，将自己的感受说出口恐怕也不容易。如果不说出自己的想法，那么你可能连自己的想法都不清楚了。

这时，请感受自己的身体，因为身体能真实地表达出情感。

以紧张为例，紧张时手心会出汗，喉咙变干，心跳加快。如果身体足够放松，人就不会觉得紧张。我们可以通过身体来感知情绪。

所以当难以用语言说出自己的心情时，请说出身体的感受。

男性："您喜欢红酒吗？"

女性："不。"

男性："……"

当男性无言以对时，身体会有什么样的感受呢？

感到惊讶时，身体会微微后退吧。这种情况下可以如实说出口："我都情不自禁地向后退了一步呢。"

如果身体因为惊讶而僵硬，也可以告诉对方："我的身体有些僵住了。"

当我们说出身体的感受时，就会发现与身体感受相连的情绪。

重点

· 人们之所以无法应对意料之外的反应，是因为觉得自己"必须说些金句"

· 有情绪起伏时，坦率地表达感情

· 感受情绪为身体带来的影响，直接告诉对方

第14课

说出希望对方明白的想法

——对方不配合！摆脱尴尬气氛的方法③

如果对方听到问题后，只用是或否来回答，或者敷衍地说一句"嗯，是啊"，这时，为了让交流热烈起来，需要我们费一番功夫。

不过人都有不想说话的时候，如果可以不交流，让对方一个人安静一会儿，或许也是一种温柔的表现。

只是，在职场等不得不进行交流的场合下，请大家说出自己的想法。

"为了让您在使用产品的时候，不会因为不知道使用方法而为难，我想告诉您使用方法。"

"为了让您以后不会为现在的问题而烦恼，我希望现在能彻底解决这个问题。"

"之前因为我没说清楚，给很多人带来了困扰，希望您能仔细听我说。"

或许只要告诉对方原因，对方就能仔细听我们说话了。如果对方知道我们是为了他们着想，才会说这些话，一定会很高兴吧。

另外，如果不知道对方想不想听我们即将传达的信息，也可以这样说。

"因为某个问题没有解决而困扰的人很多，所以希望您听我说几句。"
"因为我们听到了不知道某产品的使用方法的反馈，为了以防万一，希望提前告诉您。"

重要的是告诉对方你为什么要说这些。如果在不明所以的情况下被迫倾听，对方就会觉得"我为什么必须听你说这些"，让交流变得困难。

我们为什么要说话，原因通常有两个，分别是为自己着想和为对方着想。

假设你是一名药剂师。尽管你想向客户解释药物的吃法，但客户身体不舒服，并不想听你说话。

可是如果不解释清楚，以后出现问题会给你带来困扰，所以你想跟对方说清楚，这种想法或许是为自己着想。

那么，让我们试着多想一步吧。

"我希望您用正确的方法吃药，能够早日康复。"

"我不希望您因为食用方法错误而难受。"

想说话的背后一定有为对方着想的心情。

思考自己想说话的原因时，在想到"为自己着想"的部分后，请同样试着找找"为了对方"的部分吧。用"为对方着想"的心情说话，一定能让对方感受到你的心情。如果能用语言表达出自己的心情就更好了。

重点

- 说出希望对方明白的想法
- 除了"为自己着想"之外，说话时要带着"为对方着想"的心情

营造让对方安心倾诉的氛围
检查表

- ☐ 说话前一定要和对方对视

- ☐ 用明亮的笑容和开朗的声音说话

- ☐ 整个身体朝向对方

- ☐ 用共享事实得到对方的肯定

- ☐ 说出自己的答案后再提问

- ☐ 就算听到意料之外的回答也要接受

- ☐ 坦率地表达感情

- ☐ 传达出"为对方着想"的心情

第 **3** 章

用称赞打开
对方的心门

第 15 课
习惯于夸奖

打开对方心门的关键是让对方安心。在第 3 章中，我将为大家介绍传达好意，让对方安心的方法。

除了笑容、手势等非语言信息，如果能用语言传达出自己的好意，一定是一个好方法。这也是因为情感越正面，越难以用语言之外的方式传达。

曾经有一项实验的内容是，两人面对面站立，用本子挡住鼻子以下的部分，只用眼睛传达情绪。结果在"爱""开心""愤怒""悲伤"这四种情绪中，最容易传达的是"愤怒"。只用眼睛传达，就有 80% 的人能理解愤怒的情绪。最难以传达的情绪是"爱"，只有 1% 的人能够理解。

正如实验结果所示，情感越正面，越难以传达。如果大家能在日常生活中对彼此说出"谢谢""我喜欢你""你很漂亮"之类的话就好了。

可是就算心里明白，或许依然有人觉得"不好意思""这不是我的性格"。而且还有人认为称赞初次见面的人是在巴结讨好，不喜欢这种行为。

虽然我有同感，不过在一次工作中，当我看到同行的人总是在称赞周围的人时，我的想法改变了。她只关注别人的优点，不会说任何人的坏话，从她口中只会听到他人的魅力。和这样的人在一起，确实是一件愉快的事。

而且她同样很爱自己，总是在闪闪发光。对大脑（潜意识）来说，称赞别人与称赞自己无异，因此当你称赞周围的人"你真漂亮""你浑身散发着知性的气息"时，大脑会认为自己也很漂亮，散发着知性的气息。

对别人说的话同样适用于自己。

称赞别人的优点就是称赞自己。
要不要尝试一下积极称赞他人的交流方式？

| 重点 | · 好意难以用语言之外的方式传达 |
| | · 称赞他人，就是在称赞自己 |

※ 参考《不断增加的"笑容"密码》（门川义彦 钻石社）

第16课

找到值得称赞的地方
——谁都能学会的称赞技巧"基础篇"①

接下来，我将为大家介绍具体的称赞技巧。

首先是寻找值得称赞之处的方法。我们应该称赞对方什么呢？

关注差异，就能轻松地找到值得称赞的地方，也就是"与其他人不同的地方""和平时不一样的地方"。

在帽子、围巾、饰品、手表等装饰物上很容易展现出"与其他人的不同之处"。另外，正因为大多数职场人士都会穿衬衣，所以会在布料、颜色、镶边、纽扣等细节处展现精致的心思。还有人会用熏香来熏衣服，熏香和香水不同，会让衣服整体散发出柔和的香味。领带的颜色和图案、胸口的方巾、袖扣、领带夹等都是他们希望得到关注的地方。

衣服的整洁程度也能展现出不同。平整的衬衫、裤线清晰的裤子、光洁的鞋子，都是精致的人重点关注的地方。

如果找不到服装上的特点，可以关注对方的气质和举止。或许会发现对方优美的形体、温和的表情、细心的举止。

接下来是"和平时不一样的地方"。

新换了衣服、包、饰品，会让人的气质也焕然一新。如果能自然而然地说出对方换了发型，就能表现出你一直在关注对方。

另外，如果能看出花了很长时间打理的发型、经过特别护理后油亮的发质、漂亮的美甲、比平时更精致的妆容，也不错。

不仅是外表的变化，气质和气场的变化也是人们希望别人发现的地方。气质和气场之类的是难以用语言表达的变化，大多是由于情绪变化引起的。所以如果能够注意到此类变化，或许会让对方感受到你的关注而开心，从而对你产生信任感。

不习惯称赞对方时，或许你会不知道该称赞什么才好，不过一步步努力之后，你就能看到对方希望被称赞的地方了，仿佛只有那里在闪闪发光，努力展现自己，并冲你高喊"表扬这里"。

如果你感到称赞他人很难，就从寻找物体、店铺、不同场所的优点开始吧。我想你一定能渐渐地发现身边人的优点。

重点

- 值得称赞的地方是与他人不同的地方，也就是对方用心打理的地方
- 值得称赞的地方是和平时不一样的地方，也就是发生变化的地方
- 如果称赞他人让你感到困难，就从称赞物体、店铺开始

第 17 课

用"好极了"称赞对方

——谁都能学会的称赞技巧"基础篇"②

发现值得称赞的地方后，要说"好极了"。

无论何时，无论面对什么人，"好极了"都是一句充满魔力的全能称赞语。

让我们加上"好极了"试试吧。

首先是"与他人不同的地方"。

"裙子好极了。"

"香味好极了。"

"这双干净的鞋子好极了。"

"你的体态好极了。"

"气质好极了。"

只要加上"好极了"，就能立刻成为称赞别人的话。

"新包也好极了。"

"新发型也好极了。"

"今天的妆容也好极了。"

称赞"和平时不一样的地方"时，不要忘记加上"也"。
如果不加"也"，听起来就像在说以前都不好一样。

只有这一点需要注意，所以我认为"好极了"是初学者也
可以轻松尝试的话语。非常简单，而且能准确地传达出你的好
意，请大家一定要挑战试试。

重点	·只需要加上一句"好极了"，就能变成出色的称赞
	·称赞和平时不一样的地方时，要用"也"

第 18 课
称赞时用其他说法替换"好极了"
——谁都能学会的称赞技巧"基础篇"③

　　能熟练使用有魔力的词语"好极了"来称赞对方后，可以动动脑筋，用其他说法替换"好极了"。

　　"裙子的颜色真漂亮。"

　　"香味好优雅。"

　　"这双干净的鞋子，看起来就让人心情很好。"

　　"你的体态真好，姿势优雅。"

　　"你的气质很温柔呢。"

　　"新包很适合你。"

　　"新发型又突出了你不一样的魅力。"

　　"今天的妆容也很有魅力。"

　　你觉得好极了的部分究竟如何好呢？请大家常使用具体的

词语来形容吧。

这时需要注意一点，要使用任何人都会觉得是褒义的词语。比如：漂亮、纤细、多彩、时尚、娇艳、华丽、优秀、可爱、美丽、出色、明亮、均衡。

另一方面，以下这些词语通常有褒贬双重含义：有个性、与众不同、罕见、独特、我行我素、引人注目。

举例来说，听到"你的衣服与众不同"时，大家可能会怀疑自己究竟是不是被夸奖了。当然，通过表情和声调可以告诉对方"我明显是好意"，不过还是要避免使用这些容易引起误解的词语。

因为对语言的理解因人而异，对自己来说是褒义的词，对对方来说或许并非如此。在初次见面，尚未充分建立信任关系的阶段，还是要用明显带有褒义色彩的词语来称赞对方。

重点

· 用语言形容如何好极了

· 使用明显带有褒义色彩的词语来称赞对方

称赞时加上原因

——谁都能学会的称赞技巧"基础篇"④

说出"如何"好极了之后，接下来请大家加上原因，说出"为什么"好极了。

说完"裙子好极了"之后，可以加一句"非常适合你""我还是第一次看到颜色这么漂亮的裙子""我一直在找颜色温柔的裙子，却没能找到"。

说完"发型真帅气"之后，可以加一句"×××，你真的一直很时尚啊""好羡慕，我也想成为适合这种发型的人""你很了解自己的风格，有成熟女性的感觉啊"。

说完"漂亮的美甲"之后，可以加一句"我都看入迷了""很有春天的气息""我觉得连指甲都能用心打理的女性很厉害"。

加上原因后，就更能突显出对方的魅力了。另外，也更容易传达自己真实的想法。因为有"场面话"这种说法，所以就算你真心称赞对方，对方也可能觉得你是在应酬。可是如果加一句原因，就能清晰地传达出你的想法。

重点

- 在称赞的话语里加上原因，会更有魅力
- 加一句原因，传达真实的想法

第 20 课

一边"提问"一边称赞

——会聊天的人别具一格的称赞技巧"中级篇"①

接下来，让我们上一层台阶，挑战终极称赞技巧吧。首先是边提问边称赞的"提问称赞法"。

比如在"裙子好极了"之后问一句"是在国外买的吗"，提问的内容向对方传达了一个信息："只有在国外才能买到这么好的裙子。"

你之所以会问出"是在国外买的吗"，当然是因为你觉得这条裙子应该是在国外买的。也就是说，你的提问是有"前提"的。因此提问时，相当于将问题和前提同时告诉了对方。用前提表达称赞的方法就是"提问称赞法"。让我们再看看其他例子。

在"这双鞋真时尚"之后问一句"你在做时装方面的工作

吗"，传达给对方的是以下前提："你这么时尚，一定是从事和时尚相关工作的人。"

我们平时不会注意到提问时的"前提"，因此大家或许会觉得有些麻烦。

这时，可以从"像 ×× 一样 ××"的前提开始思考。下面，我将结合具体的事例来和大家一起思考。

假设你遇到了一位声音非常动听的人，值得称赞的是"声音"。现在，让我们尝试套用"像 ×× 一样 ××"的句式吧。

"你的声音像专业人士一样动听。"

"像 ×× 一样 ××"的句式成立后，可以将"××"的部分变成问题。在这个例子中，"××"是专业人士，所以可以询问对方"你是从事音乐方面工作的专业人士吗"。其实更自然的问法是"你是不是在做和音乐有关的工作"。

遇到美甲好看的人时要怎么说呢？如果你是一个经常以工作忙碌为理由，疏忽了指甲保养的人，就会这样想："她的工作能力好强，能很好地管理时间，连指甲都保养得这么美。"

这种情况下，就可以采用下述提问方式：

"你工作那么辛苦，指甲还保养得这么美，究竟是怎么管理时间的啊？"

提问称赞法是一个简单的技巧，在通过称赞强调对方魅力的同时，还可以通过提问让对话继续进行下去。

重点

· 提问称赞法在称赞的同时还能让对话继续进行

· 像 × × 一样 × ×，相当于在说"你是 × × 吗？"

提问称赞法的精髓

第 21 课
称赞时告诉对方自己的情感变化
——会聊天的人别具一格的称赞技巧"中级篇"②

下一个称赞技巧是"情感称赞",通过表达出自己的情感变化来称赞对方。用语言表达出自己被对方的魅力所折服的心情。

例如,遇到笑容灿烂的人时,你的情绪会有什么变化呢?

· 情不自禁地打起精神

· 情不自禁地变得开朗

· 情不自禁地高兴起来

将这种情不自禁的情绪变化表达出来吧。

"你的笑容真美,我都情不自禁地打起精神来了。"

"你的笑容真美,我都情不自禁地变得开朗了。"

"你的笑容真美,我都情不自禁地高兴起来了。"

不需要说多么动听的话。只需要说些简单的话语，比如打起精神、高兴起来、心情变得开朗就好。感受到对方的魅力，你的情绪发生了怎样的变化呢？只要将这种情绪变化告诉对方，对方一定会因为自己送出的礼物被接受而感到开心。因为能帮助到别人，能派上用场总是件令人愉快的事情。

接收到对方的魅力这份礼物后，表达出情绪的变化作为回礼。这样的良性循环如果能多发生几次就好了。

重点

- 说出自己被对方的魅力触动后的情绪变化
- 能帮助别人，能派上用场会令人愉快

第 22 课

称赞时说明前后变化

——会聊天的人别具一格的称赞技巧"中级篇" ③

接下来，我将为大家介绍如何更好地传达出看到对方的魅力后，自己心中升起的感谢之情。不能只说出"情不自禁地高兴起来"这种变化后的心情，还要告诉对方自己此前的心情。

请大家对比以下两种称赞方式。

A："听了您今天的话，我想继续努力一下。"

B："其实我之前连死的心都有了。但是今天听了您的话，我想继续努力一下。"

A 只说出了听过对方的话之后，自己的感受，对方并不清楚你此前的状态。B 则说明了前后变化，因此能够传达出变化的剧烈程度。

对方得知有一个痛苦到想要自杀的人，听了自己的话后打起了精神，一定也会为自己拯救了一条生命而感到开心吧。

人的变化会给周围的人带来勇气。

通过整理房间或者室内改装，让观众看到环境和嘉宾自身的巨大变化，这样的综艺节目之所以会受欢迎，或许就是因为观众从中获得了勇气，觉得"自己也有了改变"吧。

在日常对话中，告诉对方自己的变化，同样会给对方带来勇气。

"你的笑容真美。大概是因为今天下雨吧，我从早上开始就隐隐有些头疼，可是看到你的笑容，就情不自禁地打起精神来了。"

"你的笑容真美。我早上和妻子吵架了，其实情绪有些低落，不过多亏了你的笑容，我觉得心情开朗了一些。"

"你的笑容真美。其实我刚才在工作上犯了错，正难过呢，不过看到你的笑容，我情不自禁地放轻松了。"

像这样将自己情绪的前后变化告诉对方，和对方分享喜悦，是件不错的事吧。

前

我连想死的心都有了……

开心程度up!

后

不过，我想继续努力一下！

重点	·传达出自身情绪的前后变化，能更好地表达出感谢之情
	·说明前后变化，更能传达出变化的剧烈程度

第 23 课

双倍奉还的称赞法

——能做到这点，你就是称赞能手 "高级篇" ①

终于到了称赞技巧的高级篇。首先，我为大家介绍两种得到称赞后双倍奉还的方法。

大家有没有经历过被别人称赞后，虽然开心，不过总会有些不好意思，于是否认说 "不不不，才没这回事" 的情况呢？其实受到称赞时，正是称赞对方的好机会。让我们活用两项法则，双倍奉还对方的称赞吧！

■ 双倍奉还称赞法则，使用 "反而"

在被称赞的内容前面加上 "反而" 来称赞对方，就是 "反而" 法则。受到称赞后，告诉对方你也有同样的想法。

"你的领带真好看！很时尚。"

"啊，我反而觉得你的领带很时尚呢！"

"你的笑容真美。"

"啊，我反而觉得你的笑容更灿烂呢！"

像上述例子一样，用"反而"反过来称赞对方，就能让对方因为与你共享同样的魅力点而产生连接感。

■ 双倍奉还称赞法则，"期待着你的称赞"

接下来，我将为大家介绍"期待着你的称赞"法则。告诉对方不是因为别人，只是因为"被你"夸奖而感到高兴。

"你的领带真好看！很时尚。"

"啊，被时尚的 ×× 夸奖，是我的荣幸。"

"你的笑容真美。"

"啊，能被笑容灿烂的 ×× 夸奖，我都充满自信了。"

像上述例子一样，被对方夸奖"时尚"时，说对方是"时尚的 ××"；被对方夸奖"笑容很美"时，表扬对方是"笑容灿烂的 ××"。以此来告诉对方自己受到称赞的部分正是对方的魅力所在。你拥有同样的魅力，所以我很高兴能得到你的称赞。

举例来说，当你尊敬的前辈或者你喜欢的人夸你"工作做得很好""很帅气"时，你会比被其他人称赞更加开心吧。

告诉对方你"不是因为别人，只是因为被你夸奖而感到高兴"，同样是在称赞对方。

掌握了这两项称赞法则，就不会因为被别人称赞而慌张了，请好好把握称赞对方的机会吧。

重点

· 得到称赞时，正是双倍奉还的好机会

· "反而"法则，在被称赞的内容前面加上"反而"来称赞对方

· "期待着你的称赞"法则，告诉对方因为称赞我的人是你，所以我很开心

第24课
乒乓球称赞法
——能做到这点，你就是称赞能手"高级篇"②

接下来，我将为大家介绍像打乒乓球一样间接称赞他人的方法。

这种方法并非直接称赞对方。而是通过称赞对方身边的事物，最终达到称赞对方的效果，是间接称赞的技巧。

下面我将用具体例子为大家说明。

M 邀请工作伙伴 S 吃饭。因为 M 选择的饭店食物美味，而且服务周到，所以 S 在离开前对店员说："多谢你们的照顾。"

这样一来，不仅是店员，连请客吃饭的 M 也会开心。因为 S 通过称赞这家饭店，间接称赞了 M。

① 你的品位很好，给我介绍了一家不错的店。

② 你周围的人都很优秀。

M 听到"多谢你们的照顾"时，会觉得自己常去的店受到了称赞。另外，看着店里人开心的样子，似乎在说"你认识的人很出色"，于是感觉到自己的交友关系受到了称赞。

诸如此类，不直接称赞对方，而是通过称赞对方周围的事物，有时还可以让自己成为他人称赞的对象，最终得到称赞对方的效果，这就是乒乓球称赞法。

重点
- 通过称赞对方周围的事物，间接称赞对方
- 通过让自己得到称赞，提高对方的口碑

第 25 课
在背后称赞
——能做到这点，你就是称赞能手 "高级篇" ③

有时，人们会因为害羞或者谦虚，不接受别人的称赞。这种情况下，可以选择不当面称赞，而是通过别人转达。

"前一阵，×××明明很累，还在工作上帮了我，我真的很开心。"

像这样在其他人面前称赞别人的话，总会传到本人的耳朵里。

背后说人坏话伤人，不过背后称赞他人会让人开心。因为在背后议论别人的时候，大多数情况下说的都是坏话，所以日语里有专门形容背后说人坏话的词 "阴口"，却没有专门形容背后称赞他人的词语，我希望借此机会，让更多的人知道背后称赞他人的好处。

在背后称赞对方，对方就只能接受。因为称赞自己的人不在面前，所以也不会想要否认。

由于在背后称赞的话不知道什么时候能传到本人耳朵里，因此会在不经意间得知对方听到了你的称赞而感到开心，敬请期待吧。

重点

- 对羞于接受称赞的人，可以在背后称赞
- 正因为有人在背后称赞自己的事情很少见，所以会更加开心
- 不需要"日行一善"，先尝试"每天在背后称赞一次别人"吧

第 26 课
不要称赞无法凭借自己的意志改变的事情
——称赞他人时的注意点

称赞对方时，有几个需要注意的地方。

因为有时候，你觉得羡慕的魅力点，对对方来说可能是不希望别人碰触的地方。

"你的脸真小，好羡慕。"

这是我对一位美国朋友说过的话。虽然我的本意是称赞他，可他却生气了。他不高兴地说："你真没礼貌，这话的意思是说我的脑容量小吧。"

我当然不是这个意思，可是美国人并不追求小脸，所以我的话会让他们觉得受到了侮辱。

我曾对一位女歌手说："你这么瘦，真好。"结果她的脸色立刻阴沉了下来，干巴巴地笑着说了句"是吗"。

我急忙想做些什么来挽回，于是又说了一遍："我怎么努力都瘦不下来，所以很羡慕你。"结果她的表情仿佛在说："好了，别说了。"原来那是一位想长胖却胖不起来的女性。

另外，我在采访一位著名女演员时，接到了一张字条，上面写着"五个注意事项"。

当时，那位女演员的恋爱绯闻正被吵得沸沸扬扬。所以"不要提问和那个男性相关的问题"的嘱咐还在意料之内，不过令我吃惊的是最后一项。

"不要提到和身体有关的话题，比如你真瘦。"

发型和服装是大家可以随意改变的部分，因此可以称赞。可是身高、体型等是就算想改变，也无法轻易做出改变的部分，就算心里再羡慕，也要在说出口之前停下来多想一想："这是对方能随意改变的地方吗？"

重点

· 称赞前，思考要称赞的部分是先天的，还是对方能随意改变的

让对方接受称赞的
检查表

☐ 称赞时不要害羞

☐ 找到"与其他人不同的地方""和平时不一样的地方"来
　称赞

☐ 用万能词"好极了"称赞对方

☐ 使用带有明显褒义的词语称赞对方

☐ 掌握能让对方接受的称赞方法

　称赞时加上原因；一边"提问"一边称赞；称赞时说明前后变化/称
　赞对方周围的事物；在背后称赞；传达出希望对方接受自己的心情
　的意思

☐ 双倍奉还的称赞法

　双倍奉还称赞法则，使用"反而"；双倍奉还称赞法则，"期待着
　你的称赞"

☐ 称赞前，确认要称赞的地方是否是本人无法随意改变的部
　分，比如身高和体型

第 **4** 章

引出对方
想说的话

第 27 课
从感兴趣的部分开始提问
——首先从这里开始，提问技巧"基础篇"①

提升提问能力的关键非常简单，就是对对方感兴趣。

比如，如果你喜欢上一个人，就会想要知道对方的全部吧。

他（她）怎么看我？有没有兄弟姐妹？是哪里人？喜欢什么颜色？喜欢什么食物？

面对恋人，想问的问题会一个接一个地浮现在脑海中。

这些问题基本上可以称为给对方的礼物，当然，不排除会给对方带来不好回忆的情况。比如问到了对方不想被触及的部分，因为没说清楚而遭到误解。

可是之所以想要提问，是因为"我想更了解你""希望和你成为好朋友"，这样的心情是令人开心的。

不过，尽管同样是想要了解对方，如果表现出"我想知道你手中的信息"的意思，给对方留下的印象就会完全不同，因为这样一来，提问的受益人就成了你自己。如果要以提问的形式提出请求，最好是在与对方建立了信任关系之后。

另外，提问时还可以将话头交给对方。人们对主动说起自己的事都会有些顾忌。特别是性格内敛的人，更容易觉得"自己的事情或许会让别人觉得无聊"。

如果被问到，就有理由说自己的事了，能够更容易主动"提起自己的事"。

提问是礼物。请大家带着"想了解对方"的纯粹兴趣、"想给对方创造说话机会"的心情提问吧。提问一定会变得愉快。

重点

· 如果对对方有兴趣，问题就会自然而然地浮现在脑海中

· 提问是礼物，能传达出更想了解对方的心情

· 提问是礼物，可以给对方创造说话的机会

第 28 课

如果提问会感到不安，可以加上开场白

——首先从这里开始，提问技巧"基础篇"②

　　虽然想要了解对方，可是不知道问什么，这种情况或许是因为心有不安。

　　确实会有人因为听到问题而生气。如果听到了"你怎么连这种事都不知道""我不是告诉过你吗"之类的指责，就会变得害怕提问吧。

　　这种情况下，可以抢先说出对方可能的反驳。

　　"虽然这是我应该了解的事。"

　　"也许你以前告诉过我，但现在请你再跟我说一遍。"

　　担心"如果我提问，对方可能会这样说"时，可以由自己先说出口。这样一来，对方就会明白你已经知错，不需要再指责。

另外，我们有时也会因为不知道能不能问而感到不安吧。年龄、政治、宗教等话题都有可能成为禁忌，不过在问到敏感话题时，可以先说一句"也许我问这些会不礼貌"。

提问时，对方可能会因为"你连这种事都不知道"而惊讶，其实对方或许并没有恶意。他们之所以惊讶，除了因为你不知道之外，更多的是因为自己以为你问的问题是常识。

其实那些事情只不过是他们生活中的常识罢了。每个人的兴趣不同，了解的领域也不同。同样，也会有他们不了解而你了解的事情。

没有人能了解所有事情。所以当对方惊讶地表示"你连这种事都不知道"时，如果你能面带笑容地说出"对啊，所以请你告诉我"，对方就会一一为你解答了，因为很多人都是好为人师的嘛。

重点

· 如果提问前感到不安，就加上开场白

· 不了解的事情，就带着笑容请对方告诉你吧

第29课

提问前，告诉对方你的意图

——首先从这里开始，提问技巧"基础篇"③

提问时，如果告诉对方你的意图，就能让对方安心。

比如，当有人问你"这周日有空吗"的时候，你有时会不知道该如何回答吧。如果回答有空，就有可能收到邀请，去参加不想去的活动，而且很难拒绝。所以在回答有没有空之前，我们会先问一句"为什么这么问，有什么事吗"。

提问的意图就在于这句"为什么这么问"。

举例来说，如果突然被问到"你是家里的长女吧"，我们多半会疑惑对方为什么要问这个。因为这不是什么需要隐瞒的事，所以我们会坦诚地回答"没错"，然后再问一句"你为什么这样问"。类似的对话在日常生活中比比皆是。

虽然意图不是非说不可，不过当你希望让对方安心回答时，可以首先说出提问的意图。比如"我想让你陪我买衣服，这周日有空吗""你看起来特别稳重，是家里的长女吧"。

再看看其他例子。

询问对方"你也会紧张吗"时，你心里想的也许是"××发表的文章特别沉稳有说服力，也会有紧张的时候吗"。

如果将想法说出口，就能让对方明白，你是想问写出如此有说服力的文章的人是否也会紧张。这个问题用是或者否就能回答，不过也有人会在回答后告诉我们克服紧张的方法。

提问前先告诉对方你为什么要问这个问题，对方就会因为了解你提问的目的而感到安心，而且因为你的目的明确，对方也更容易回答。这种提问方法可以减少答非所问的情况，让交流变得更加顺畅。

| 重点 | · 提问前说出自己的意图，让对方安心 |
| | · 通过说出意图，让交流变得顺畅 |

第30课

听到问题后简短回答，并且反问对方

——任何人都能掌握的提问技巧"初级篇"①

下面我将为大家介绍回答问题的方法。

听到问题时，你会不会因为不知道要回答到什么程度而烦恼？这时，让我们来体会对方的意图吧。

比如有人问你"周末会做什么"时，对方为什么要这样问呢？

提问有时是为了引出自己想说的话题。以上述问题为例，如果你觉得对方想要聊聊自己的周末生活，可以简单地回答后将问题抛向对方。

"我会在家放松，你呢？"

为了看出对方提问的意图，需要用心观察。像上面的例子那样，当对方希望通过提问引出话题时，我们可以感受到对方"有话想说"的想法。这样的人大多表情丰富，能够感受到他们身上的热情。如果我们的回答太长，对方或许会心不在焉，因为他们满脑子想的都是自己想说的事，没心情听你的回答。注意到这一点后，我们可以停下话头，把问题抛给对方。

虽然是自己想说的话，不过要先问对方，然后自己再说。这是不是和餐桌上的情景很像呢？在中国，人们学到的餐桌礼仪是，当一盘美味的菜上桌时，我们会先劝别人吃，或者给大家夹菜。在餐厅吃饭时，要先让长辈或客人动筷，再往自己的盘子里夹菜。不仅是饭菜，吸烟喝酒时，就算是自己想，也要先问过周围的人。

听到问题时，我们会感到开心，想要多说些自己的事，不过这就相当于在吃饭时听到别人说"你先请"之后，一个人吃完一大盘菜。提问就像对话中的菜品，要与大家一起分享。

另外，还有人会指着其他菜品，说"比起那道菜，我更想吃这道菜"。这就相当于在对话中听到"你周末会做什么"的问题后，回答"比起周末，我更想说说上个暑假的事"，然后改变话题说起自己的事。在会议等场合中，必须让话题回归正题，因此大家要注意不能只说自己感兴趣的话题。

第4章 引出对方想说的话

重点

· 有的提问是为了引出话题

· 听到问题时，简短回答后，把话题抛给对方

· 提问就像对话中的菜品，要与大家一起分享才美味

第 31 课

从最近发生的事开始问起

——任何人都能掌握的提问技巧"初级篇"②

　　遇到相互之间不太了解的人时，可以一边提问一边寻找共同话题。这时，将球抛向哪里会让对方更容易接到呢？用寻找最佳击球点的感觉仔细观察对方吧。

　　抛出容易打到的球后，可以观察到对方的声音变大，音调变高，语速变快。另外，还能看到身体前倾，动作幅度增大，眼中出现光彩等变化。请大家仔细观察对方的反应吧。

　　抛出的问题球可以是任何你想问的问题，不过请小心避免抛出会冷场的球。遇到对方以否定答案结束的问题，比如"不知道""不清楚""不想说"等情况的时候，要及时停下。

　　你的问题对方可能已经听过很多遍，不想再回答了。

　　有一次在离开派对回家的路上，一位做俄语翻译的朋友不耐烦地对我说："只要是第一次见到我的人，几乎都会问我为什么会说俄语，我究竟还要重复多少遍啊？"

原来如此，遇到能流畅使用外语的人时，我就会想问"你是不是在国外待过""在什么地方学的啊"之类的问题。可是自己想问的问题，别人很可能同样想问。我能理解他因总是被问到同样的问题而感到不耐烦的心情。

可是我这位翻译朋友，有时候也会开心地对别人解释这个他讨厌的问题。对方明明没有提问，他却主动提起，因为他能感到"对方想要了解自己"的心情。哪怕是被问过无数次的问题，只要感受到"对方想要了解自己"的心情，他就会生出解释的欲望。

我从这件事上学到了一点，将大家都会问的问题放在后面，等待对方想主动提起的时机。

在采访中，我也有过相似的经历。

比如采访音乐人时，因为要配合新作品发售，所以任何媒体都喜欢提出相似的问题。

"专辑标题是什么意思？"

"录制过程中有什么困难的地方？"

有些嘉宾在听到这些问题后，会露出有些疲惫的表情，似乎在说"又是这个问题吗"。

既然如此，把大家都想问的问题放在后面，我应该从什么地方问起呢？

最有可能打出安打^①的，是询问最近发生的事。人们对最近发生的事情印象最深，感情也最鲜明。因为大家会喜欢提起最新的经历，所以提出最近发生的事容易让气氛变得热烈。

比起自己想问的顺序，应该按照对方想说的顺序提问，先炒热气氛。自己想问的问题放在后面就好。

重点

· 将对方被反复问过的问题放在后面

· 比起过去的事，最近发生的事更容易谈起

· 按照对方想说的顺序来提问，能炒热气氛

---

① 安打：棒球名词，指的是打击手击中投手投出的球，球落在界内且打击手至少安全上到一垒。

第 32 课
在问题中重复对方的回答
——任何人都能掌握的提问技巧"初级篇"③

在通过提问探寻对方的兴趣时，要注意节奏。

如果练球场的发球机坏了，球一个接一个地飞出来，我们会陷入混乱吧。问题球同样如此，要有节奏地抛出才行。

我将以下面的例子为大家说明。

"你在做什么工作？"

"销售。"

"销售什么产品呢？"

"进口食材。"

"会进口哪些食材呢？"

"意大利面、调味料、巧克力等都会进口。"

"从哪个国家进口呢？"

像这样不停地重复"问题→回答→问题→回答"，总觉得像是在审讯室中。对方不知道你对他的回答做何感想，所以会心生不安。

当我们得到答案时，可以试着先用语言表达出自己接受了对方的回答。

"你在做什么工作？"

"销售。"

"销售啊。<u>要销售什么产品呢？</u>"

"进口食材。"

"<u>你在销售进口食材啊。</u>都有哪些食材啊？"

"意大利面、调味料、巧克力等都会进口。"

"<u>意大利面和巧克力……</u>就是说，是从欧洲进口的吗？"

画线部分就是在说出你听到的答案。

请大家一边说出口，一边用心感受这样的对话，这样就会觉得自己很好地消化了对方的回答。根据对方的回答继续展开想象，脑海中就很容易浮现出下一个问题或者感想。

如果还有余力，请在回答时加上自己的感受吧。

"你在做什么工作？"

"销售。"

"销售啊，<u>怪不得我从刚开始就觉得和你说话很轻松。</u>你要销售什么产品呢？"

"进口食材。"

"进口食材……都有什么样的食材啊？"

"意大利面、调味料、巧克力等都会进口。"

"意大利面和巧克力嘛，<u>都是我喜欢的食物。</u>是从欧洲进口的吗？"

画线部分能够让对方感受到你认真听了他的回答。听到你的感受后，对方也能放松下来。

这时要注意避免改变说法。

比如在对方说到销售的时候，我们也许会想要换成自己熟悉的词汇，比如推销员。可是不同人对不同词汇的理解不同，如果我们说"你是推销员啊"，对方心里可能会想"不，我才不是推销员，是销售"。

这件事是我在采访南天群星的桑田佳佑先生时学到的。桑田先生称自己为歌手，而不是艺人。有时，这两个词会被当成同义词，可是对于桑田先生来说却有着不同的意思。

而且苍井优小姐也对我说过，她认为比起明星，自己更多的是一名演员。女明星这个词会给人带来光彩夺目的感觉，可是苍井小姐只是喜欢表演，认为女明星这个词与自己相距甚远。

在电台主持节目的人一般被称为 DJ，可是哪怕是同在东京的广播电台中，也会有不同的说法，TOKYO FM 是音乐节目主持人（personality），J-WAVE 是使用音频主播（navigator）的说法。在各个电台做节目时，不同节目中的称呼都会发生变化，所以我曾因为混乱而说错。电台非常重视称呼，因此我当时受到了严厉的教导。

日常对话同样如此。如果有人对你说"我身体有些重"，而你问他"身体不舒服吗"，他可能会对你说"不是，就是重"。对那个人来说，"重"和"不舒服"是不一样的。

就算在第三者眼中无关紧要，有时对当事人来说，依然必须使用固定的词汇。

请大家尊重对方使用的词汇。

重点

· 如果一个接一个地提问，对方会觉得像在接受审讯

· 重复对方的回答

· 如果有余力，可以加上自己的感受

· 尊重对方说出的话，使用同样的词汇

第 33 课

不懂就问，问出朴素的问题

——让对方感到诧异的提问技巧"中级篇"①

在想不出问题的不安情绪中，还包含着害怕的情绪，担心问出这种问题会被当成傻瓜。

我在电台和演讲中经常犯傻，留下了不少令人难为情的回忆。比如弄错了"出汗"和"未曾有"的读法，被节目编辑指出"你是不是读错了"，让我的脸都羞红了。

我还问过制作金太郎糖果的手艺人："金太郎是女孩子吗？"让对方目瞪口呆。因为金太郎的嘴唇红彤彤的很可爱，所以我一直以为他是女孩子。现在，这些令人难为情的回忆都成了大家的笑谈。

或许因为我是关西人吧，我觉得能让大家笑是一件很好的事。用说话的内容让别人发笑很难，而我小小的失败就能轻易让别人笑出来。如果我也和大家一起放声大笑，大家就会融为一体。

而且朴素的问题有时能击中本质。

有一次，当一位音乐评论家兴致勃勃地谈起 20 世纪 70 年代的迪斯科热潮时，我的脑海中突然涌起一个疑问。

"迪斯科和舞曲有什么区别？虽然当时有一阵迪斯科热潮，可是用来跳舞的音乐不是一直很流行吗？"

当时，我也有一瞬间犹豫了，觉得事到如今还问这种问题或许不合适，不过我得到了一个意味深长的回答，远远超出了我的想象。

"就是啊！用来跳舞的音乐一直存在，只是 70 年代的情况有些特殊。在那之前，美国的年轻人一提到玩，就会想到开车兜风。不过当时石油价格飞涨，年轻人没办法轻易地开车出行了。可是他们还是想玩，该怎么办呢，于是他们开始在小小的空间中释放能量，这才有了迪斯科的热潮。"

似乎众所周知的事情，早就该知道的事情，这些都很难问出口。可是，本质性的答案有时恰恰隐藏在这样的问题中。

画家千住博先生曾经说过一句优美的话，令我印象深刻。

"世界上没有一个问题是无聊的，有的只是无聊的回答。"

这是千住博先生演讲结束后，看到没有人举手提问时说的话。

我觉得遇到不知道的事情时涌起的求知欲，能够让人生变得更加丰富。对某些事情产生疑问，想要知道些什么，这些都是一个人的个性本身。

如果你的问题让人发笑，就试着和大家一起笑，一起开心吧。一定会有人在心里想"其实我也不知道""谢谢你问出口"。想到自己是在代表不知道的人提问，就会多一些勇气。

不知道答案不是差耻的事。不知道的事情才拥有可能性，能带领我们了解新事物。不要不懂装懂，去拥抱可能性吧，前方一定有一个崭新的世界在等你。

重点

· 能引人发笑是件很幸运的事
· 朴素的问题有时能击中本质
· 不知道 = 得到新知的可能性

第 34 课
提及对方重视的点
——让对方感到诧异的提问技巧"中级篇"②

"第一次有人问我这个问题！"回答从来没有被问到过的问题，是不是很激动？

这是我采访画家名嘉睦稔先生时发生的事。他正好在原宿开了个画展，于是我在见面之前去看了他的作品。

画展上展出的是描绘自然的作品，不过有几幅作品描绘的是散落的几何图形。大自然与充满人工色彩的直线结合，让我感觉十分有趣。因此我问出了"那几幅画是不是在表现光线和空气"这个问题，结果名嘉先生哈哈大笑，对我说出了这句话："我第一次听到这个问题。啊呀，你竟然注意到了！"接下来，他热情地说起作品中包含的思想。

第一次听到的问题会给回答者带来喜悦，产生"谢谢你注意到这一点""谢谢你能理解这一点"之类的心情。提问者问出了从来没有人问过的问题，回答者能提起从来没有对别人说过的故事，这样一来双方都会感到开心吧。

大家知道一款名叫"百年孤独"的烧酒吗？这是一款著名的烧酒，很难买到。有一次，我的一位朋友发现了瓶身标签上有一行特别小的英文。

When you hear music, after it's over, it's gone in the air. You can never capture it again.（你现在听到的音乐将消失在空气中，再也抓不住。）

这是爵士音乐家艾瑞克·杜菲说过的话。我这位朋友非常喜欢艾瑞克的音乐，开心地给位于宫崎县、酿造百年孤独的酒窖打了电话。女接线员说了句"请稍等"，不一会儿，出现在电话另一端的人竟然是社长，她和社长热烈地讨论了爵士乐。

后来，我发现本应很难买到的百年孤独出现在了她的家里。她明明酒量不怎么样的……

有人懂我真好，有人明白我的意思真好。我们传达出的信息中包含着这样的祈望，如果有人能理解，将是一件值得开心的事情。不论相遇的时间长短，能相互理解的人之间都会生出一种可贵的连接感。

日常生活方式能够培养感情，让我们发现对方重视的点。

如果一直在变化的日常在我们眼中变得"一成不变"，我们就会对变化视而不见。每天走过的上学路和上班路，其实没有一天是完全相同的。随着季节变化的树木，身边人们的打扮，稍稍抬起头就能看到的广阔天空，每一刻都在不断变化。

周围的人同样如此。撕下同事和家人身上的各种标签，你一定会看到以前不曾知晓的一面。

虽然在看，却没有看见的事。

虽然在听，却没有听到的声音。

试着磨砺五感去感受吧。在尝试感受的瞬间，你的感性已经觉醒。

重点

· 崭新的问题会让对话气氛变得热烈

· 磨砺五感，让感性觉醒

第 35 课
面对不善言辞的人，提出不需要过多思考的问题
—— 面对不好交流的人时也不会害怕的提问技巧 "高级篇" ①

广播节目的主题是事先定好的。

做节目时，每天都要更换主题，比如"今天的主题是成人仪式典礼，请告诉我们关于你的成人仪式典礼的回忆"。

有一个主题收到了数量超乎想象的听众信息，那就是"你喜欢的学校伙食是什么"。回答有"我喜欢女儿节时的菱形果冻""millmake 牌的牛奶咖啡冲剂很甜很好喝"。令人怀念的食物不断出现，我还记得做节目时那火热的情景。

另外，也有只收到零星信息的主题，比如"你喜欢的谚语""你喜欢什么样发型的异性"。

这些经历让我注意到，不需要花过多时间思考的主题更

容易收到听众发来的信息。喜欢的学校伙食会迅速浮现在脑海中，可是喜欢的谚语却需要花些时间思考。喜欢的发型很快就能想到，可是大家需要花些时间考虑自己的答案说出来是否合适。

对话时同样如此。不用过多思考就能说出的事情，对任何人来说都是容易谈论的主题。

举例来说，和"体验"相关的问题就比较容易回答。

"你上学时参加过什么社团？"

"你最近看了什么电影？"

"你喜欢什么食物？"

如果问题是开放式的，话题就很容易展开。开放式问题就是不能用"是"或"否"简单回答的问题。社团活动可能会回答音乐社团或者足球社团，看过的电影可能会回答影片名，喜欢的食物可能会说出菜名；开放式问题会引出具体的答案，因此更容易展开话题。

不过，请大家注意避免询问个人信息。比如"你住哪里""你在哪家公司上班"，虽然回答这些问题不需要花时间思考，可是却涉及隐私，最好在关系亲密到一定程度后再问。

重点

· 面对不善言辞的人，提出和体验相关的问题

· 用开放式问题展开话题

· 涉及隐私的问题等关系亲密到一定程度后再问

第 36 课

提可以用数字回答的问题

——面对不好交流的人时也不会害怕的提问技巧"高级篇"②

另外，可以用数字回答的问题，对任何年龄的人来说都是比较容易回答的。

比如问孩子"上学的感觉怎么样"，得到的回答往往是含糊的，比如"嗯""还行""一般"等，这也许是因为他们不知道该如何回答。

如果问孩子"上学开心吗"，然后得到了"嗯"的回答，请大家试着这样继续提问。

"如果开心的程度是从 0 分到 10 分，你的开心程度是多少分？"

从这个问题的答案中，就能够了解孩子感受到的"开心"程度。如果答案是"7 分"，可以继续问些具体的问题，比如"开心程度达到 7 分的时候，是上课的时候还是休息的时候""剩下不开心的 3 分是在什么时候"，等等。

如果想问孩子有没有交到朋友，可以这样问："回到家后还想和几个朋友一起玩啊？"这样就能知道真正和孩子关系好的朋友有多少个。

面对大人时同样如此。

想知道工作的进展情况时，如果只问"资料在准备了吗"，那么就算得到肯定的回答，也无法得知准备了多少。换成"如果完成度是 10 分，现在进展如何？"的问法，既方便对方回答，又能得到自己想要的答案。

另外，如果想让下属或者合作伙伴更加努力，可以这样问："假设你能做到的最好程度是 100 分的话，你觉得现在用了几分力呢？"这样就能让对方认识到自己的投入程度了。除了传达出"我希望你再努力一些"的意思之外，或许还能让对方主动意识到"这样啊，原来我现在只用了六成的力量"，从而鼓足干劲。

相反，当我们自己被问到关于程度的问题时，也可以用数字来回答。比如：

"最近怎么样？"

"很开心，从 0 到 10 的开心程度来说，有 8 左右。"

这样一来，对方就更容易展开话题了。

请大家愉快地使用数字提问法吧。

重点	· 能用数字回答的问题，能方便他人回答
	· 用数字回答问题容易展开话题

第 37 课
特意用难以回答的问题探寻对方的兴趣
——面对不好交流的人时也不会害怕的提问技巧"高级篇"③

接下来，请大家看看常见却不容易回答的问题。

"到现在为止，对你影响最大的人是谁？"

"你最喜欢什么类型的书？"

"迄今为止，你遇到的最厉害的人是什么样的？"

这种"×× 最 ××"的问题需要对方花时间回顾过去，是比较难以回答的问题。

如果听到"到现在为止，对你影响最大的人"这样的问题，就需要回顾人生，从众多对自己产生过影响的人里选择；听到"最喜欢的书"的问题时，需要回忆起以前看过的众多书籍。因为过去的信息存放在脑海深处，回忆需要花一些时间。

等想起来之后，还必须从中选出第一名，就更花时间了。

这种需要从数十数百个选项中选出一个答案的"大分母问题"确实不容易回答，不过它也有优点。它可以让对方选出喜欢的话题。因为对方会选出感兴趣的事情，所以在短时间内就能炒热话题。

"你喜欢看电影吧。最喜欢哪一部呢？"
"嗯，老电影的话是《×××》，最近看的《×××》也不错。"

"你是销售吧，销售的时候遇到的最大困难是什么？"
"最难的啊，嗯，对我来说是出差次数多吧……"

通过类似的交流，就能用对方告诉我们的关键词继续话题，从而轻松展开话题。

除了电影和困难的事情之外，书、人、语言、音乐、旅行、失败的经历等都是容易提出问题的话题。

提出问题之后，我们要理解这些问题不容易回答，所以就算对方花了很长时间也不要焦急，要耐心等待。

另外，可以在提问时加一句"我知道这个问题不好回答""虽然我知道不好回答，可还是想问一下"，表示自己能够体谅对方的心情，让对方能够从容地思考。

这些问题可以让对方主动说出自己的兴趣，而不用我们再不断投球，探寻对方的兴趣，所以希望大家能够带着感谢的心情问出这样的问题。

重点

- "最 ×× 的是什么"，这种问题容易问，却不容易回答
- 大分母问题能够帮我们选出对方感兴趣的话题
- 多说一句"我知道这个问题不好回答"

第 38 课

面对不回答真心话的人，故意让对方说 No

——面对不好交流的人时也不会害怕的提问技巧"高级篇"④

接下来，我将为大家介绍当对方对谈话内容提不起兴趣时的提问技巧。当对方态度敷衍，话题无法展开时，可以故意让对方说 No，从而打开突破口。

有一次，我采访了一名管理者。他在国外学过艺术，是一位时尚人士，所以我以为他会对产品包装等设计方面的话题感兴趣，于是问了这方面的问题，结果白费力气，对方完全不配合我。时间在肤浅的寒暄中不断流逝，我心中焦急，于是问了一个有些跑题的问题。

结果那个问题打开了对方的开关。他大声地说了一句"不是这样的"，然后开始认真和我对话。

这是歪打正着。当时，我学到了一件事，人们在感觉被误解的时候会想要解释。

　　从那以后，我有时也会说些明知对方会否认的问题。比如明知道对方在产品包装上花了心思，却故意问："您在产品的名字上花了不少心思吧？"

　　刚成为电台主持人的时候，我不喜欢对方觉得我不专业，所以无法提出这样的问题。相反，我会问些显得我很专业的问题。可是随着我逐渐明白只有引出对方的优点才能让节目变得有趣，虽然改变的速度很慢，不过我逐渐开始不在乎别人对我的看法了。

　　另外，我能做到这一点，是因为节目组工作人员的理解，他们明白我是故意提出那些问题的，而不是出于我真实的想法。还有的嘉宾会对我说："那个问题真是帮了我大忙啊。"

　　我们为什么提问？理解提问的目的会提供巨大的助力。

　　采访时，提问的目的是展现出嘉宾的魅力，让听众感到愉快。作为采访者，我也会想表现自己，不过每当冒出这个念头，我就会思考提问的目的。

· 当对方对谈话内容不感兴趣时，故意让对方说 No

· 想表现自己时，想想提问的目的

第 39 课
事先不要准备太详细的台本
——面对不好交流的人时也不会害怕的提问技巧"高级篇"⑤

　　大家应该会觉得对话和演讲不同，很少会提前准备，可是第一次约会或者拜访客户时，也会做对话的模拟练习吧。事先准备有很多好处，比如能总结思路，可有时也会产生负面效果，因为我们会期待对话按照自己准备的内容进行。

　　采访摇滚乐队 The High-Lows 时，我手边堆着比平时更多的、事先准备好的稿件，因为工作人员给我提出了建议："The High-Lows 不好采访，他们不会认真地回答问题，你要做好心理准备。"

　　我带着不安的心情迎来了正式采访。那天，The High-Lows 的成员回答问题时比我想象中的还要跳脱。我完全不明白他们的回答是什么意思。听他们提到很多女孩子的名字，于是我问："是你们的朋友吗？"结果他们只是笑，弄得我一头雾水。为了推进风马牛不相及的对话，我不停地照着台本提问，结果采访直到结束都是在自说自话。

为什么不能好好说话呢？你们不是来宣传新专辑的吗？我心中带着怒火，敷衍地道谢后离开了录音室。结果主唱甲本Hiroto对我说："你果然生气了啊。不过我们在全国各地都要面对同样的问题，已经听腻了。比起那些问题，问问我们今天的内裤是什么颜色倒更有趣一些。"

这个人在说什么？怎么可能问他们内裤的颜色！我一边想一边整理，坐上电梯打算离开时，竟然发现 The High-Lows的成员们都在里面！

真是太不巧了，我一边后悔没有顺路去一趟化妆室，一边尴尬地低着头。

可是我觉得这样太不成熟，于是问了一句："你们要回东京了吗？"他们回答接下来要去录音室，又反过来问我。我告诉了他们自己住的酒店，竟然碰巧和他们要去的是同一家。

于是变成了我们一起回去，我也跟着坐上出租车去了录音室。后来到了酒店，他们邀请我一起打游戏，我这才知道采访时他们提到的女孩的名字是游戏里的人物。

我和他们一起度过了好几个小时，The High-Lows 的成员们跟我说了很多。

吉他手真岛昌利的话让我印象深刻："要想让别人接受自己的意见，首先要拿出结果，然后别人才会听你说话。"

当时，他们的专辑 *Tigermobile* 发售，封面是虎皮图案，他们告诉我为了实现这款比纸张更贵的设计费了不少功夫。（我好想在采访时听到这个故事……）

从那天开始，我不再被事先准备好的台本束缚。The High-Lows 的成员们教会了我一件事：比起准备，更重要的是认真面对眼前的人。

对话是和对方共同创造的。不能按照自己准备好的台本推进，否则会很无趣。如果事先做好准备，就会期待能够完美重现，这是自私的行为。

重要的是看到眼前的人，感受他们的心情。这并不是说不准备更好，可是做准备已经是过去的事，不被准备好的台本束缚，就是不被过去束缚。

如果我们面前的人一直盯着准备好的稿件，希望按照预定的节奏进行，会发生什么呢？我们一定会觉得自己被无视了。

感到不安时就会想依靠准备好的台本。这时，可以想想你们对话的目的是什么，目的不应该是按照准备好的台本机械地完成对话，只要意识到这一点就可以了。

重点

· 就算做了准备，也不要被束缚

· 重要的是看到眼前的人，感受他们的心情

· 对话是与对方共同创造的

· 感到不安时，重新审视对话的目的

为了得到问题答案
的检查表

☐ 拿出自信，相信提问是给对方的礼物

☐ 传达出自己的意图之后再提问

☐ 听到问题后简短回答，再把话题抛给对方

☐ 从"对方容易谈起的事情，即最近发生的事情"开始询问

☐ 问下一个问题之前，对对方的回答表示理解和接受

☐ 不要害羞，问出朴素的问题

☐ 仔细观察，找到对方花心思的地方

☐ 面对不善言辞的人，提出不需要思考就能回答的问题

　　和体验相关的问题；开放式问题

☐ 想进一步深入了解时，用"变化球"提问

　　用"最××的是什么"的问题探寻对方的兴趣；故意提出会引起误

　　解的问题

☐ 事先不要准备太详细的台本

第 **5** 章

炒热
气氛

第40课
增加随声附和的种类

第 5 章的主题是炒热气氛的方法。

首先要善于倾听，然后用简单易懂的方式告诉对方你在仔细倾听。对方感觉不到你在认真倾听，所以要用周围人能够理解的方式表达出"我在仔细听"的心情。

做电台主持人两年后，前辈给了我以下建议："你在读听众来信时，声音有些低沉了。虽然我知道你很认真，可是听的人并不了解，声音最好再开朗一些。"

我完全没想到，自己认真起来的声音会变得低沉。就算自己的想法是 ××，却并不一定能传递给对方。

当我明白了理解听众的感受的重要性之后，我开始有意识地客观评价自己的言行。我在说话时会想象自己的言行在对方眼中的样子。

首先，是增加随声附和的种类。

我自己也知道像"嗯""好""这样啊"的附和太千篇一律，于是开始观察周围的人，并且模仿他们。

下面让我们来看看不同场景下的随声附和的方式。

■ 想要肯定对方的说法时

"是啊""你说得没错""确实是这样""我也是这样想的""的确如此""果然是这样""正如你所说"。

我从来没有说过"的确如此""正如你所说"这样的话，所以刚开始模仿时还有些不好意思，不过说出来之后就觉得自己变成熟了。说习惯之后，附和的话就能够自然而然地脱口而出了。

■ 想要表达自己对话题感兴趣时

"真是惊人""不敢相信""真的吗""是这样啊""之后怎么样了""真厉害""之后呢""然后呢""真有趣""再多说说""哦""啊""竟然是这样""唉"。

"哦、啊、唉"这种一个字的语气词也能用来附和。当然，这些说法比较随意，使用时要注意时机和场合。

最后，我将为大家介绍不同意对方说法时的附和方式。

■ 不同意对方的说法时

"是这样啊""这个想法真有意思""是新观点啊""您的视角很独特""很有 ×× 的风格""或许是这样""很多人会赞同你的想法吧"。

随声附和会让对方明白你在认真听他说话。

另外，重复对方的话也能表示自己在认真听。

"×× 反对这次项目吧。"

"××× 觉得太浪费预算了吧。"

自己不同意时，首先要接受事实，要接受对方有和自己不同的想法。这里的接受指的不是同意，而是尊重对方，明白他们和我们一样，会有自己的想法。

当我们听到和自己不一样的想法时，或许会下意识地想要反驳。

反驳不是坏事，可是在此之前，应该先接受对方的想法，这样才能形成有建设性的对话。

想法是"自己拥有的东西"，而不是"自己本身"。但是一旦自己的想法遭到否定，我们就容易认为是自己这个人被否定了，这是因为我们将想法和自己等同了。

想法是会改变的，10年前认为好的事情现在不是也在发生变化吗？

如果能将想法和自己本身区分开，就更容易接受对方的想法，而不会感情用事。

重点

- 用各种附和方式告诉对方，自己在认真倾听
- 不习惯的附和方式可以通过不断说出口，让自己记住
- 就算不同意对方的想法，也要接受对方有这种想法的事实
- 将想法和自己本身区分开

02

不能对比自己地位高的人说"原来如此"！

人们在使用"原来如此"时不会考虑立场，可是这句话原本是在面对和自己地位相同，或者地位更低的人时使用的。

从这句话的语气中应该能感受到，我们在使用"原来如此"时，有时会想要加上敬语。虽然在意的人并不多，不过在面对地位比自己高的人时，最好能够换成"感谢您的指导""正如您所说""受教了""您说得没错"等。

03

身体比语言更容易传达信息

演员的英语是"actor"，有行动者的意思，也就是"通过身体的动作来表达的人"。日本电影的代表人物之一千叶真一相信，"身体是演员的话语"。或许比起台词，身体更容易传达出人的微妙感情。

第41课
用全身附和

附和不仅局限于言语。点头、侧头等各种各样的身体语言同样是附和的一种。

这些身体动作中，有些可以自然而然地做出。比如惊讶时睁大眼睛就是在吸收过多信息，想要摆脱难以预测的事态时下意识的反应。

在说话时站起身是一个小玩笑。在表演脱口秀和拍摄视频时，这样的动作会让大家笑出声来。

顺带提一下，在广播和播客节目中，用声音媒介表现"说话时站起身"扶人的动作，呈现出的效果就是远离麦克风，声音变小，这是能让听众感受到空间感的方法之一。

用身体附和的方式，对平时就会使用身体表现自己的舞者和演员来说并不难，可是对其他人来说，或许会因为动作夸张而感到害羞。可是我认为，为了传达信息，夸张一些的动作刚刚好。

我在学习身体语言的学生面前重放自己说话的视频时，他们总会说："老师的动作也不怎么大嘛……"

因为只要动作和平时稍有不同，我们就会产生巨大的不协调感。

所以只需要比平时稍微夸张一些就好，尝试用身体附和对方吧。

重点

· 利用身体动作，有意识地附和对方

· 稍微夸张一些的动作刚刚好

起身

非常惊讶。心神不宁，
没办法安安静静地坐着。

交叠双臂

将手臂交叉呈 X 形会给人压迫感，所
以不要交叉手臂，而是交叠在一起，
表示思考。把对方说的事情当成自己
的事情，在认真思考。

稍稍探出身子

想继续听，感兴趣。

向后倾倒

表示在尝试理解、
接受对方的言论。

改变姿势

转换心情，
集中精神。

向下看

在回忆、思考、感受。

向上看

在回忆、想象。

睁大眼睛

惊讶。

取出纸笔

认为对方的话很重要，
甚至需要做笔记。

第 42 课
说出自己在逻辑上理解的事情

通过随声附和让对方明白我们在认真倾听之后，就要告诉对方自己理解他的意思了。

"在逻辑上理解"和"用心理解"，如果两者都能传达给对方就更好了。

首先，我将为大家介绍告诉对方自己"在逻辑上理解"的方法。

通过概括对方的话，告诉对方我已在逻辑上理解他想表达的意思了。用简短的话语说出自己听到的内容，可以和对方共同确认自己听到的内容是否准确。

这时如果理解有误，就能及时请对方帮忙修正。如果能够随时消除小误解，就能避免因为对"是否说过"等问题有不同意见，从而产生误解和争端。

概括需要一定的思考技巧，大家一开始或许会觉得困难。

可以在刷社交软件和新闻时练习总结，将内容总结成"也就是××的意思吧"。

另外，如果周围有擅于总结的人，我建议大家向他们请教，多问问他们："刚才的话用一句话总结该怎么说？"

概括的时机最好在对方的话告一段落的时候。话题告一段落后，会出现一瞬间的空档，所以在这时说出自己概括的内容，不会打断对话的进程。

另外，如果概括太多，会让话题提前结束，所以只要偶尔加入概括就好。

重点

- 简短地表述自己对听到的内容的理解
- 如果理解出现偏差，要请对方修正
- 在对方的话告一段落时总结内容（偶尔）

第43课
说出自己用心理解的内容

接下来，我将告诉大家如何让对方知道我们在"用心理解"的方法。用心理解指的是共鸣。

首先从我们感知到的对方的心情开始，对方的心情是开心、愉快的等正面情绪，还是无聊、焦躁的等负面情绪？

举例来说，对方说了下面这番话：

"我早上要早早出门工作，可我老婆根本不起床，我已经想不起来她最后一次给我做早饭是什么时候的事了。"

那么这个人的心情是什么样的？是正面的还是负面的呢？

就算是同样的话，如果开心地笑着说出来，传达的情绪就是正面的；如果是一副赌气的样子，传达的情绪或许就是负面的。表情和音调可以成为提示。

区分开正面和负面情绪之后，接下来要想象原因。思考原因时，最好以需求为基础。需求得到满足时，情绪就是正面的，因为需求没有得到满足时，大多数情况下会引起负面情绪。

■ 表达开心情绪时的需求（正面）

①希望自己成为心胸宽广的人，能允许妻子睡懒觉

→因为心里允许妻子睡懒觉，所以情绪是正面的

②希望妻子对自己撒娇

→因为妻子对自己撒娇了，所以情绪是正面的

■ 表达不满情绪时的需求（负面）

③希望有更多的时间和妻子共处

→可是早上没能共处，所以情绪是负面的

④希望妻子认可自己早起工作是为家庭做贡献

→可是对方并没有认可，所以情绪是负面的

⑤希望妻子能更多地支持自己

→可是妻子没有早起为自己做饭，所以情绪是负面的

如果想到了原因，就要用语言表达出来。

①"您能接受妻子早上睡懒觉啊。"

②"因为您心胸宽广，所以您妻子也能放心地跟您撒娇啊。"

③"您要是能有更多时间和妻子一起度过就好了。"

④"您工作真的很努力，要是您妻子也能理解您就好了。"

⑤"妻子的支持会成为您巨大的助力啊。"

这时，我们或许会担心自己想象的原因是否正确，其实正确与否并不重要，重要的是为对方着想、与对方产生共鸣。

如果答案正确，对方或许会松一口气，意识到自己内心的想法。如果我们能用语言表达出连对方自己都没有注意到的心情，一定会让他们感到愉快。

如果答案不正确，就能让话题更加深入。因为对方会一边说着"不对，不是这样"，一边认真思考自己内心真正的需求。

像这样传达出自己用心理解的态度，能让彼此都更加关注内心。虽然从一开始就用心交流是最好的结果，不过人们平时的交流大多更加注重逻辑，要想走进彼此的内心，总是需要花一些时间的。

"我想成为心胸宽广的人，能允许妻子睡懒觉啊。能做到这一点，我觉得自己很了不起。"

"我努力为家庭做贡献，希望妻子能给我更多的认可。"

能用语言表达出自己的想法或许很好，可是人们往往并不了解自己，可能我们才是最不了解自己的那个人。

通过对话，我们能让彼此的心更加靠近，也能更加了解对方和自己。这就是对话的精髓之一。

重点	·感受对方的情绪是"正面"还是"负面"的
	·想象情绪出现的原因，用语言表达出来
	·想象的结果不正确也没关系
	·通过对话更加了解对方和自己，这是对话的精髓

第 44 课

成为合得来的人

"合得来（気が合う）"，大家不觉得日语中的这个说法很奇妙吗？因为我们确实会觉得合得来（気が合う）的人容易相处。气是空气的气，也就是指呼吸，所以可以保持呼吸节奏一致。只要呼吸节奏一致，就能成为合得来的人。

呼吸可以表现为语速。那么，就让我们配合对方的语速吧。如果对方说话语速快，自己也要稍微提提速；如果对方说话语速慢，自己也要放缓速度。这样一来就能让彼此感到舒适，成为合得来的人。

大家平时不太注意语速，应该不太会想"对方说话比较慢，今天我也放慢语速好了"或者"现在应该加快说话的节奏"之类的事情。也就是说，每个人都会用对自己来说最自然的节奏说话，所以如果对方能够配合自己的节奏，就会感到舒适。

走路的速度同样如此。和走路速度相同的人一起走时，因为不需要刻意配合对方，所以不会有压力。语速同样如此，不需要配合对方时就会感到轻松。

虽说如此，其实并不需要与对方保持完全相同的语速，只需要与对方语速接近就足够了。

另外，也可以刻意使用与对方不同的语速来改变节奏。

比如，如果你的上司说话很快，客户有时会听不清楚，你可以尝试故意放缓语速。虽然不能保证一定有效，不过哪怕只有一个人放缓语速，就有可能潜移默化地影响到周围的人，让所有人放缓语速。

对话时注意呼吸的节奏，能够更容易感受到对方的情绪，因为心与呼吸是相互关联的。另外，配合对方时呼吸会自然而然地加深，让心情平静，头脑清醒，随之而来的全是优点。

重点

· 用相同的语速说话，能和对方成为合得来的人

· 特意用不同的语速说话，能改变当前场合其他人说话的速度

第 45 课
等对方能够接受时
再提出意见

就算提意见是为了帮助对方，有时也会失败。因为比起建议，对方一定更需要获得共鸣。

以第 43 课的事例为例，假设我们提出了以下建议：

"告诉你妻子你希望她早起就好啊。"

"你妻子也很累吧，还是不要跟她唠叨这些的好。"

"你自己做早饭不就行了嘛。"

听到这些建议的人会不会有下面这样的感受呢？

"我要是能说出口就不会这么辛苦了。"

"我也明白，可是不小心就说出口了。"

"我要是自己能做，一开始就会做了啊。"

我们在说完某件事情之后，首先希望得到的是理解。所以在提出建议之前，首先要认真倾听，不要否定，而是表示理解。得到理解之后，对方才会有心情倾听建议。

　　这并不是说最好不要告诉对方解决方法，而是说如果要提出建议，那么在对方能够听进去的时候再说效果更好。

　　如果对方准备好了倾听你的建议，大多数情况下会先说一句"我该怎么办呢""如果是你，会怎么做""我不知道该怎么办了"之类的话。在对方主动开口寻求解决方法之前，请不要先开口，认真听听对方的倾诉吧。

　　如果在倾听的过程中想要提出建议，可以问一句"我想到一个建议，可以说说吗""可以听我说说吗，如果是我，应该会这样做"，让对方做好倾听建议的准备。

　　很多事情大家心里都明白，可是却做不到。所以如果听到"这样做就好"之类的建议，就会觉得做不到的自己受到了责备，内心感到痛苦。即使心里明白提出建议的人是出于善意，却依然会有被迫接受说教的感觉。

　　希望大家把想要帮到对方的心情更好地传达出来。

· 提出建议前，首先要倾听并理解

· 找准时机，在对方寻求解决方法时提出建议

第 46 课
思考对方说话
的原因

有时，想要理解对方而问出的问题却抓不住重点。

当对方说出"我早上明明要出门工作，可我老婆根本不起床，我已经想不起来她最后一次给我做早饭是什么时候的事了"的时候，如果问他"你的早饭是西式还是日式"，多半会冷场吧。因为早饭的样式和对方想说的内容没有关系。他想说的重点不是早饭的样式，而是妻子不给他做早饭这件事。

话题之所以会向与正题无关的方向扩展，是因为比起对方想要表达的内容，我们更关心自己的兴趣所在。以我为例，因为我对语言本身有兴趣，所以经常会因为询问对方话语中的含义，结果岔开了话题。

为了避免跑题，请大家记住以下问题：

"对方为什么要说这番话？"

倾听时，要在心中探寻答案。人们的话语背后一定有原因。大多数情况下，是为了弄清某件事。可是大部分时候，不要说用语言表达出来了，就连本人都不清楚自己究竟想弄清楚什么事情。

"对方为什么要说这番话？"

倾听时将这个问题放在心上，就能减少只理解对方话语的表面含义，将对话扯到无关话题的情况。

如果一个问题反复萦绕在我们心头，请大家试试在第三次想问时再说出口。其余两次就算问题浮上心头，也请先不要说出口。这样一来，大家会渐渐发现没必要问出口的问题非常多。

一开始可能会有些不协调的感觉，因为倾听对方说话的时间变得更长，改变了平时的对话节奏。如果有了不协调的感觉，那么恭喜你成功了！因为做出改变时一定会出现不协调的感觉。请大家一定要试着挑战和平时略有不同的提问方式。

另外，大家是否有过这样的感受："这个人为什么把同样的事情说这么多遍？"

重复同样的事情或许是因为没有弄清楚"想要了解的事情"。因为目的没有达到，所以会重复同样的事情。这时就需要我们找到对方本人都没有意识到的"想要了解的事情"，与他产生共鸣。

重点	· 提问时要思考"对方为什么要说这番话"
	· 不要将自己的兴趣放在对方想要表达的内容之前
	· 问题在第三次想问时再说出口
	· 如果感觉和平时有些不同，感到不协调，恭喜你挑战成功

第 47 课
不要用"我和你一样"
的说法抢对方的话

"我早上明明要出门工作，可我老婆根本不起床，我已经
想不起来她最后一次给我做早饭是什么时候的事了。"

听到这句话时，可能会出现本来想表达共鸣，结果却抢了
对方的话的情况。比如回答"我懂，我也一样，在我家啊……"
当出现抢话题的情况时，需要主动意识到错误。

心中出现"我懂"的念头时，虽然自认为是与对方产生共
鸣，其实感受到的是自己的心情。比起体谅对方的心情，更多
的时候会说起自己在相似情况下的心情。于是话题的中心就从
"对方的心情"转移到了"我的心情"。这时候，对方或许会
觉得自己的心情没有得到理解，从而想要终止对话。

当然可以表达自己的心情，不过要在对方也有同样需求的

情况下，所以请大家不要在对方正在说话时用"我和你一样"的说法把话题引到自己身上，请耐心等待。

要想避免抢话题，需要满足自身希望得到理解的需求。如果积攒了太多希望得到理解的需求，就算心里明白不能打断对方，也会忍不住想要开口。

如果有人能听自己倾诉当然好，可是当条件无法满足时，可以选择自我理解。与自己产生共鸣的方法请参考《发现真心的对话术》一书。

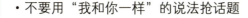

重点

· 不要用"我和你一样"的说法抢话题
· 抢话题是自己希望得到理解的需求没有被满足的表现

第 48 课
在对方说完话之前
不要改变话题

在发生抢话题的现象时，经常出现的说法是"说到××"。

想改变话题时，如果以"说到 ××"开头，就会产生两个话题之间有连续性的感觉。

比如对方说："我早上明明要出门工作，可我老婆根本不起床，我已经想不起来她最后一次给我做早饭是什么时候的事了。"

然后我们用一句"说到"开头，改变话题。

"说到早饭，之前我孩子……"

"说到睡懒觉，我上高中的时候……"

"说到早上，今天早上我吓了一跳……"

用一句"说到"开头，就能以对方话语中的一个单词为契机改变话题，因此会有话题顺畅转换的感觉，可是对方会怎么想呢？或许会因为话题转变到了不同的方向而感到失望。

"说到"这种说法，主要还是用在自己有话想说的时候。比起倾听，更多的人希望倾诉，确实有不少人哪怕强行转换话题，也会希望对方能够理解自己。

当大家因为一直进行同样的话题而感到无聊时，用"说到"改变话题是一件好事。既不会打断对话的流畅性，又能改变话题。请大家一定要根据情况灵活使用。

重点	·在对方说完话之前，不要用"说到"改变话题
	·当大家感到无聊时，用"说到"改变话题

第49课
没听清对方说话时
不要提问，要确认

　　当面对客户、上司等地位较高的人时，如果没有听清对方的话，很难说出"能请您再说一遍吗"。所以大家或许会装作明白，继续下一个问题。

　　这时可以不提问，而是选择确认。

　　举例来说，当上司夸奖别人时，假设我们没听清上司说的是增田还是增尾。这时如果问出："嗯？您是说增田，还是增尾？"话题就会被打断。上司甚至会心生不快，觉得自己受到了指责，认为你的意思是他口齿不清，让人听不清楚。

　　这种情况下，可以做出已经听清楚的样子确认一遍。

　　"是啊，增田是个温柔的人。"

　　重点是慢慢说出"增田"的名字，让对方听清楚。如果说错了，对方会纠正我们："不对，我说的是增尾！"如果说对了，对话就能继续顺利进行。

如果没听清楚的不是单词而是一句话的内容，可以通过概括内容来进行确认。

"我的理解是 ×××，对吗？"

"我觉得 ×× 的意思是 ×××，对吗？"

这些问题可以用来确定自己的理解是否正确。就算出了错，也是因为自己理解得不对，不是因为对方的话难以理解。

其实在确认之后，有时也会发现问题出在自己没有仔细倾听。

当我们不理解对方的话时，往往会想将问题推到对方身上。如果能转换视角，带着学习的心态面对问题，那么所有事情都能成为我们的养料。

重点	・没有听清的地方不要提问，要放慢速度重复一遍进行确认 ・确认自己的理解是否正确 ・不要指责对方的话不好理解 ・尝试理解难以理解的话语，我们也可以从中学到东西

第50课
不要直接指出
对方话中的错误

在对方说错话时，也可以使用同样的方法应对。

有一次，来广播节目中做客的嘉宾把"触碰琴弦"的弦字错读成了"线"。如果我直接告诉对方"你说错了，不是线，是弦"，恐怕会让对方觉得不好意思。如果什么都不说，又有可能让听众误解。要是有考生听到错误的读法就麻烦了。

这时，我们可以装作没有注意到对方的错误，换成正确的说法。比如："我知道！那部电影里的台词是'也拨动了我的琴弦'。"

最好在对方说完之后立刻换成正确的说法，因为这样对方更容易注意到。如果对方用眼神询问你"嗯？难道应该是琴弦，不是琴线吗"，请你同样用眼神告诉他"没错"。这样一来，在场的其他人或许并不会发现他的错误。

另外，对方还有可能连续使用错误的说法。比如："真的拨动了我的琴线。啊，是琴线吧，琴线。"如果对方不停地重复"琴线"，我们就无法装作没有听到了。这时，可以把错误当成对方的玩笑，附和说："是啊，琴线被一个劲地拨动。"然后马上加一句，"为了以防万一，我要提醒各位考生们，说成琴线是在开玩笑，正确的读法是琴弦哦"。当对方发现了自己的错误，就能笑着说一句："嗯？是琴弦吗？我都不知道啊。"

　　虽然不知道对方会给出什么样的反应，不过只要将错误揽到自己身上，表现出是自己没有听到，或者把对方的错误当成玩笑，就能给对方留足面子。

　　说错话的情况有很多。比如把"压轴（yā zhòu）"读成"压轴（yā zhóu）"，把"秘鲁（bì lǔ）"读成"秘鲁（mì lǔ）"。每个人都会犯自己没有意识到的错误。只要稍稍花些心思，就能在交流时保全对方的面子。

重点　·如果对方说错了，可以装作没有发现，若无其事地改正

第51课

不要孤立他人

——炒热气氛的技巧①

接下来，我将为大家介绍炒热一群人聊天气氛的小技巧。

假设一群人中只有一个人跟不上其他人的话题。当他不了解的事情成为话题，或者因为迟到无法融入时，被孤立的寂寞感会传染给其他人，导致气氛不再和谐。

美国 HeartMath 研究所的研究内容是"情感"与"心脏"的关联，他们的研究成果指出，人类的心脏能在周围创造出直径约 3 米的磁场，来感知他人的情感。

也就是说如果有一个人情绪低落，他的情绪就会扩散到周围直径约 3 米的范围内。

大家难得聚在一起聊天，最好所有人都能融入话题。因此如果有人无法加入，可以自然地告诉他大概内容，如果有专业词汇，可以问问他："你知道刚才那句话的意思吗？"如果对方顾及其他人的感受，说不出"我不明白"，那么我们可以装作不明白，替他问出口："刚才那句话是什么意思？"这样一来，大家都能融入话题中，让整体气氛变得和谐，我们自己也能感到开心。

相反，当我们自己说了难懂的话时，如果有人提问就会心存感激。因为我们自己不知道哪些地方不容易理解。平时经常使用的词语或者自己熟悉的词语，我们总会下意识地不去解释。另外，哪怕只有一个人，只要有人给出积极的回应，我们就容易以他的回应为基础继续讲述，从而忽略其他人的感受。

所以"为了他人"问出的问题不仅能让倾听的人心怀感激，也会让说话的人感到幸福。请大家一定要尝试！

重点

· 哪怕只有一个人无法融入话题，也会导致气氛不够和谐

· 就算自己明白，也可以为了别人提出问题

第52课

打断冗长又无聊的话题

——炒热气氛的技巧②

拿出勇气，打断大家都感到无聊的冗长话题，同样是温柔的表现。这时，大家可以试着提出以下意见：

"抱歉打断你。今天我们不仅想听 ×× 的话，也想听听大家的意见，下面能不能请 ××× 来说两句？"

当然，有些情况下很难说出这样的话。

就算是在采访中，打断嘉宾的话也需要谨慎。当还有30秒就要进入广告，嘉宾却说着"还有啊……"展开新话题时，虽然只能出言打断，可是我也不想因为说话方式不合适，让大家都不开心。

这种情况下，我希望大家重视的是时机。任何人在换气时都会停下话头，所以抓住这样的瞬间打断对方，就可以避免突然打断的尴尬。

另外，如果打断时用的是肯定的说法，就不会让气氛变得沉重。当然，因为对方还没有说完，肯定会有一些强行打断的成分，如果大声说出"是啊""听您说了这么多，真是太好了"之类肯定的话语，就能保持轻松的气氛。

对话时，打断后立刻转变话题，或者将话题抛给别人，会比较容易转换话题而不让人尴尬。

"啊，是这样啊。刚才的情况如果是××的话会怎么做呢？"

"说得真好。接下来我还想听听××的想法。我今天也是很期待见到××的。"

"原来如此！是这样啊。可能有些跑题，听到刚才的话我想到了一个问题，可以问问你吗？"（询问）

像这样用肯定的说法打断后，说出下一个想听到他发言的人的名字，并且将身体转向他。

尽量指定离前一个说话人位置较远的人，大家的目光会大幅度转动，比较容易转换话题而不让人尴尬。

另外，如果抛给新人的话题与前一个说话人的话题相关，就会降低强行打断的感觉，还能传达出你在认真倾听前一个人说话的意思。

还有一点，迅速说出下一个人的名字，能提高成功率。因为如果我们在中途停顿，就会给喜欢说话的人创造继续说话的机会。

而且就算说话的人变了，如果依然在持续讨论同一个话题，还是无法炒热气氛。

这种情况下，大家会想要听到新的话题，所以就算打断，气氛也不会变得尴尬。

"我想换个话题，可以吗？"

"其实今天，我有件事想跟大家讨论。"

"我刚才突然想到一件事，可以说说吗？"

请大家用这些说法改变话题吧。

用开朗的语气打断大家都觉得无聊的话题，让所有人都有说话的机会，将大家都感兴趣的事情作为话题。

希望所有人高兴的出发点就是创造其乐融融的气氛的关键。

重点	· 可以简单地打断啰唆的人
	· 对方换气的瞬间就是打断的时机,大声说出肯定的话语
	· 指定位置较远的人,把话题抛给他,可以选择前一名说话者说过的词汇作为话题
	· 迅速指定下一名说话者,能够提高成功率

第 53 课
问出大家都想问的问题
——炒热气氛的技巧③

　　这是我采访木村拓哉时发生的事。大家想要知道的一定是日常生活中的木村。于是我问了他早上起来之后会做些什么，想要为听众描绘出一个画面，名字就叫木村拓哉的早晨。

　　"你会设几个闹钟？"

　　"会按几次稍后提醒，还是能够马上起床？"

　　"早上起来第一件事会做什么？"

　　"早饭平时会在家吃吗？是西式还是日式？"

　　木村一边说着"听众朋友们听到这种问题会觉得有趣吗"，一边耐心地回答了我的问题。不过听众们发来了感想，说他们听到了在其他地方听不到的日常生活中的木村拓哉，觉得很有趣。

　　"大家真正想问却很难问出口"的问题能炒热气氛。我就像大家的代表，问出了他们感兴趣的事。

那么，该如何找到大家感兴趣的问题呢？

答案是打开自己好奇心的盖子。如果不考虑什么事情不能问，大家会问出什么样的问题呢？请大家问问自己，释放内心深处的好奇心。

另外，如果有想问却不能问的事情，在对话中刻意避开，就会让对话变得有些尴尬。

我有个戴假发的朋友。虽然大家都知道他戴着假发，可是他本人不会提起这件事，所以也没有人会提起。

不过有一天，有一个人受不了这种有所隐瞒的气氛，便下定决心问出了口："我说，那是假发吗？"

为了不让气氛变得沉重，他特意用了轻松的语气，不过在场的所有人都屏住了呼吸。接下来，戴假发的人说："是啊，而且还是用真头发做的高档货。"

之后，大家一边热热闹闹地讨论起假发的话题，一边放声大笑。从那以后，戴假发的人变得特别外向，经常主动提起假发的梗。

当时我学到的，不是用真头发做的假发是高档货，而是如果相互之间有无法提起的话题，人际关系就会变得紧张。

有时，无法提及只是我们自以为是的想法，又或许只是没有开口的机会。

　　如果觉得气氛令人不适或者不快，可以拔出堵住管道的塞子，营造出通畅的人际关系。

重点

- 试着问出大家不方便问出口的事情
- 如果有无法提及的事情，人际关系会变得紧张
- 尴尬的事情中存在改善关系的关键

营造出舒畅的
对话氛围检查表

☐ 增加随声附和的种类

　　肯定对方的说法；表达自己对话题感兴趣的心情；不同意对方的说

　　法；用身体语言附和；用表情附和

☐ 表达出自己"在逻辑上理解"和"用心理解"对方的意思了

☐ 不要突兀地提出解决方法

☐ 经常为对方着想，思考"对方为什么要说这番话"

☐ 不要用"我和你一样"的说法去抢对方的话

☐ 在对方说完话之前，不要改变话题

☐ 没听清对方的话时，把问题揽在自己身上之后进行确认

☐ 如果对方说错了，可以装作没有发现，若无其事地改正

☐ 在和很多人聊天时，理解在场众人的需求，炒热气氛

　　就算自己明白，也可以为了别人提出问题；打断啰唆的人，把话题

　　抛给其他人；话题陷入瓶颈时，用其他问题转换方向

第 **6** 章

如何进行
线上对话

第 54 课
注意自己的视线

线上对话时，我希望大家注意自己的视线。正因为线上对话相隔距离较远，所以看着对方的眼睛说话很重要。

线上对话时，如果和面对面时一样看着对方的脸说话，视线就会错开。因为此时呈现在对方屏幕中的，是你一直在看着斜下方说话的脸。这样一来，话语的力量一定会减弱。

所以说话时要看着摄像头，虽然可能会因为看不到对方的表情而遇到些许困难，不过请将摄像头当成对方的眼睛，这样一来就会容易很多。

倾听对方说话时，可以看着电脑屏幕上对方的脸。也就是说，要在说话时看镜头，倾听时看屏幕。

接下来，摄像头的角度既不能太靠上，也不能太靠下。请想象面对面交流时的情况，这样更容易理解。如果站在对面的人从下方看到我们突出的下巴，或者从上方俯视，都会觉得不自然吧。

另外，自己在屏幕中呈现的大小请参考新闻主播在电视中的画面。如果脸太大，会给人压迫感，太小则看不清表情。让画面最平衡的做法是坐在屏幕正中间，上方留下一个拳头的空间。

请注意背景不能有噪音。噪音指的是杂音，也就是会吸引别人注意力的声音。另外，如果天花板上的横线或者柜子上的竖线看起来是歪的，我们的注意力一定会被吸引过去吧。同时，如果自己的头和挂画的线等横线重叠，看起来就像串成一串的丸子。海报等能看到画面和文字的物品也会吸引别人的注意。

相反，也可以故意展示一些物品，让背景展示出自己的个性，成为自己的一部分。我听说美国总统在身边放一面国旗，是为了表现出自己代表国家。我们也可以用自己的代表色或物品作为背景，让别人记住。

另外，背景还可以制造话题。自己想说的话题、希望对方问起的事情，都可以通过背景表达出来。

举例来说，如果将书架上的书作为背景，或许对方就会问："你喜欢看书吗？"

我们也可以从对方的背景中得到提示，挑起话题。背景画面可以自由选择，所以总能反映出对方的喜好。

重点
- 说话时将摄像头当成对方的眼睛
- 倾听对方说话时，要看着画面中对方的脸
- 自己在屏幕中的大小可以参考新闻主播
- 背景中不要有噪音
- 背景也可以制造话题

第 55 课
打开摄像头

在线上与别人聊天或者开会时，你会打开摄像头，让别人看到自己的脸吗？虽然会存在各种各样的情况，不过大多数时候，打开摄像头更容易集中精神。

参加线下演讲，或者去学校上课时，座位离讲台上的演讲者近还是远，会有不同的效果。坐在前面时，我们会考虑到演讲者能看到自己，从而更加集中精神。

在线上听别人说话时，精神无论如何都不会像面对面时那样集中，所以为了自己，最好打开摄像头。

另外，对说话的人来说，能看到听众更容易开口。我听说某所大学的老师因为学生们都关着摄像头，不得不一直对着黑漆漆的屏幕讲话，结果患上了忧郁症。

我第一次在线上和别人对话时，也曾对说话的困难程度感到惊讶。因为我有做广播的经验，所以本以为就算看不到对方的反应也没关系，结果开始之后，我却完全说不出话来。

做广播时，我能看到周围工作人员的身影。可是在自己家里时，安静的房间里只有自己一个人，得不到任何回应。

那次经历让我明白了，说话时要从各种各样的人身上获取能量。我们说话时一定能从别人身上得到些看不见的能量吧。

所以当我在听别人说话时打开摄像头，对方讲话的质量就会提高。当很多人一起倾听时，我们或许并不会觉得自己倾听的方式会对说话者产生影响。然而实际上，每一个倾听的人都会给予讲话者很大的力量。

重点

- 打开摄像头，能帮助我们集中精神
- 讲话者在看到听众的脸时更容易讲话
- 我们说话时会从各种各样的人身上获取能量

第 56 课
偶尔可以尝试
关上摄像头说话

我觉得当自己说话时，可以根据情况特意关上摄像头。这样一来，就可以只用声音与对方或者所有与会人员进行交流。因为如果只能听到声音，聆听者会更容易集中精神倾听。

据说人类的五感中，视觉占主导作用，比例大约能达到八成。当我们看不到对方的脸时，这八成的专注力就可以用在听觉上。这时声音能清晰地传到耳朵里，可以让我们感受到更多内容。

只靠声音传播的广播能够传达出超乎想象的内容。如果我心情低落、情绪不高，就算想用开朗的语气说话，声音也会彻底出卖我的情绪。

"西任今天也很有活力呢。不过今天是不是发生了什么事，感觉你是故意装出有活力的样子啊。"

当我收到这样的来信时，就会震惊于声音的力量。

另外，在电视和广播两种媒体工作过的前辈也告诉过我，广播更难蒙混过关。虽然大家会觉得电视能看到画面，不容易蒙混过关，但实际上，当我们只能听到声音时，更容易看透对方真正的想法。当时我还不太理解，甚至心存怀疑，可是在不断积累经验的过程中，我越来越能感受到声音的力量。

声音是很了不起的。听得越认真，越能听到更多此前没有感受到的信息。所以无论是在线上还是在线下，在听别人说话时，请大家分出 1/3 原本用在视觉上的精力，把它用在听觉上吧，我想这样一定能更多地感受到对方的情绪和真意。

顺便说一下，我听说有视觉障碍的人因为看不到画面，会为不知道说话的人是谁而感到苦恼。特别是线上对话时，因为参与对话的人比现实中对话时更多，所以很难将名字和声音对上。

在有很多人参加的线上对话中，最好能在说话前报上自己的名字，让大家知道是谁在说话。

・故意只留下声音，能将注意力集中在倾听上

・认真倾听时，能听到很多信息

第 57 课
用夸张的动作
附和对方

在线上对话时，如果说话的人将听者设置成静音，听者就无法出声附和。这时，我们可以用身体动作来附和。需要注意的是，在线上对话中，动作幅度要比面对面时更大。因为在被分成一个个小窗口的屏幕上，说话的人看不到我们轻轻点头的样子。

我在做线上讲座时，会在摄像头对面摆放一个大屏幕，让自己看到镜头对面的学生们模糊的身影。虽然我的视线对着摄像头，但依然能用余光扫到学生们使劲摇头或点头的动作。

如此大幅度的动作或许会让自己觉得很不自然，在面对面聊天的时候确实会有些奇怪。可是在截取下来的屏幕中，并且当屏幕很小时，面对面时稍稍有些夸张的动作就显得刚刚好了。

比如演员在舞台上做动作说台词时，模样都非常夸张。明明是说给身边人听的台词，却要面向观众说出口，这一点也不自然。不过对于观众来说，这才是自然的做法。

用语言和动作表达自己时，并非自己觉得自然就好。希望大家能放下自己的坚持，用对方更容易接受的方式来表达。

重点

· 夸张到不自然的反应刚刚好

炒热线上对话
气氛检查表

☐ 说话时看摄像头，倾听时要看着画面中对方的脸

☐ 自己在屏幕中的大小可以参考新闻主播

☐ 背景中不要有噪音，或者用背景作为话题的切入口

☐ 背景可以帮助我们制造话题

☐ 打开摄像头，能帮助我们集中精神

☐ 有时故意只留下声音，能将注意力集中在倾听上

☐ 夸张到不自然的反应刚刚好

结 语

感谢大家读到最后。

初版发行 7 年来，多亏大家对这本书的支持，才有了新版的诞生。借此机会，我要向大家送上衷心的感谢。

倾听是非常深奥的行为。

在这 7 年里，我深刻地意识到了自己有多么不擅长倾听。

这本书经过了反复修改，可是倾听是内在行为，只有自己才能弄清楚自己倾听的方式。每当我更加深入地审视自己时，都会在崭新的次元中理解"倾听"，感受到自己的不成熟。在这 7 年里，我发现我才是最需要学习"倾听型对话术"的那个人。

回顾过去，我的交流总是建立在恐惧之上。为了不被周围的人讨厌，为了不破坏气氛，为了不遭到否定，为了不被轻视，我一直在拼命保护自己。

可是我付出了这么多的努力，想要保护的"自己"究竟是什么？

我发现必须直面这个问题才能进步，于是我暂时停下脚步，开始审视自己。如果还有机会，我会告诉大家在我审视自己的过程中的体验，总之用一句话来说，我意识到"自己就是温柔本身"。

这里所说的"自己"并非西任个人，而是说所有人的本质都是温柔的。意识到这一点，并且明白我们都在主动表达温柔之后，我明白了自己应该做什么。

我希望能帮助大家找到自己心中的温柔。

如果我们每个人都能找到自己心中的温柔，世界是不是会变得更加温柔呢？

很多朋友和我产生了共鸣，会来我每天发在播客、

Voicy^①、YouTube 上的内容下方给予我支持。Akiko's World 支持俱乐部的各位，感谢你们一直以来的支持！

交流没有正确答案，所以大家会有很多烦恼，会感到迷茫。

为了解决大家的烦恼和迷茫，我想在结尾为大家介绍维恩·戴尔说过的话，这句话一直支持着我。

If you have a choice between being right and being kind, choose kind.

如果你有机会在正确和善良中做出选择，请选择善良。

我打从心底希望大家获得幸福。

西任晓子
2021 年 9 月

---

①Voicy: 日本的音频内容平台。